www.ingramcontent.com/pod-product-compliance
Lightning Source LLC
LaVergne TN
LVHW010738191026
850499LV00040BB/1418
* 9 7 8 9 3 5 8 7 2 2 2 0 8 *

غالب شناسی: کچھ تجزیے

(مضامین)

مرتبہ:

سید حیدر آبادی

Ghalib Shanasi - Kuch Tajziye

by: Syed Hyderabadi

Edition: July '2024

Publisher :

Taemeer Publications LLC (Michigan, USA / Hyderabad, India)

ISBN 978-93-5872-220-8

9 789358 722208

کتاب	:	**غالب شناسی : کچھ تجزیے** (مضامین)
مرتب	:	**سید حیدرآبادی**
صنف	:	تحقیق و تنقید
ناشر	:	تعمیر پبلی کیشنز (حیدرآباد، انڈیا)
سالِ اشاعت	:	۲۰۲۴ء
صفحات	:	۱۰۸
سرورق ڈیزائن	:	تعمیر ویب ڈیزائن

فہرست

نتیجہ غالب شناسی کا

یوسف ناظم

مرزا غالب جتنے بڑے شاعر تھے اتنے ہی بلکہ اس سے کچھ زیادہ ہی دانش مند اور دور اندیش آدمی تھے۔ انھیں معلوم تھا کہ ایک وقت ایسا آئے گا جب ان کے وطن میں ان کا کلام سخن فہموں کے ہاتھوں سے نکل کر ہم جیسے طرف داروں کے ہاتھ پڑ جائے گا اس لیے انہوں نے باکمال ہوشیاری سے یہ مشورہ دیا تھا کہ بھائیو! میرا فارسی کلام پڑھو اور اردو کلام سے احتراز کرو کیونکہ اس میں میرا رنگ ہے نہیں۔ لیکن ان سے غلطی یہ ہوئی کہ یہ مشورہ انہوں نے بزبان فارسی دیا اور یہ شعر ان کے اردو دیوان میں شامل نہیں کیا جا سکا۔ ہمارے ہاں غالب شناسی کا رواج کوئی ۵۰ سال پہلے شروع ہوا ہوگا۔

شروع شروع میں یہ بڑا مشکل کام تھا اور صرف پڑھے لکھے لوگ غالب کی طرف متوجہ ہوا کرتے تھے۔ جسے بھی اپنی عمر کے بیشتر حصے کی تباہی اور اپنی صحت کی بربادی مقصود ہوتی وہ غالب کے کلام کی شرح لکھنے کا کام اپنے ذمے لیتا۔ رفتہ رفتہ یہ فن فیشن بن گیا اور پھر اس فن نے مرض کی صورت اختیار کرلی۔ غالب صدی میں تو ہر شخص غالب کے اشعار گنگنانے لگا۔ بے روزگار نوجوان اپنی ملازمت کی درخواستوں میں یہ لکھنے لگے کہ وہ کبڈی اور کیرم کے علاوہ غالب بھی جانتے ہیں۔ معزز لوگوں نے محفلوں میں اعلان کرنا شروع کیا کہ ان کی ہابی غالب ہیں اور ایک اونچے درجے کے کلب کی صدارت کے

امیدوار کے حق میں یہ کہہ کر ووٹ حاصل کیے گئے کہ موصوف گولف اور غالب دونوں کے ماہر ہیں۔

کہا جاتا ہے ایک زمانے میں ایسا کڑا وقت فرانس پر بھی آیا تھا جب ہر شخص کو پکاسو کی (اصلی یا جعلی) پینٹنگ اپنے دیوان خانے میں لٹکانی پڑی تھی اور آرٹ کی دلدادہ خواتین میں سے چند نے اپنے شوہروں سے صرف اس لیے طلاق حاصل کرلی تھی کہ ان کے شوہر پکاسو کے فن پر بحث نہیں کر سکتے تھے۔ (حالانکہ یہ بحث صرف دو منٹ کی ہوتی تھی)۔ غنیمت ہے کہ ہمارے ہاں غالب نے لوگوں کی ازدواجی زندگی میں کوئی رخنہ نہیں ڈالا۔ وہ صرف مردانے میں رہے۔ ممکن ہے کہ اس کی یہ وجہ بھی رہی ہو کہ ہمارے ہاں خواتین کا ذوق ابھی اتنا بگڑا نہیں ہے کہ وہ غالب پر بات چیت کر کے زیور، لباس اور غیر حاضر خواتین کے عیوب جیسے اہم مسائل کو نظر انداز کر دیں۔

ذوق کے لفظ پر یاد آیا کہ ذوق بھی غالب ہی کے عہد میں شاعری کرتے تھے اور دربار شاہی سے خِلعَت کے علاوہ انھیں ہاتھی بھی انعام میں ملا کرتے تھے۔ اس زمانے میں ہاتھی ہی سب سے زیادہ معزز سواری تھی۔ اس میں شک نہیں کہ نادر شاہ جب ہندوستان آئے تو انھیں یہ سواری پسند نہیں آئی لیکن نادر شاہ بذات خود عامیانہ ذوق کے آدمی تھے ان میں بلند خیالی کا فقدان تھا اس لیے ہر معاملے میں اور خاص طور پر ہاتھی جیسی معتبر اور منفرد شخصیت کے بارے میں ان کی رائے قابل قبول نہیں ہو سکتی۔ شاعری کا صحیح زمانہ واقعی وہی زمانہ تھا۔ ایک قصیدہ کہو ہاتھی لے لو، ایک غزل کہو دو چار گھوڑے لکھوالو۔۔۔

غالب بہت مقبول شاعر ہیں اور ان کے کتنے ہی مصرعے لوگوں کو ازبر ہیں۔ بہتوں کو تو پورے پورے شعر بھی یاد ہیں۔ یہ اور بات ہے کہ وہ دوسرے مصرعے کو پہلے

مصرعے سے پہلے پڑھتے ہیں۔ لیکن اس میں کوئی قباحت نہیں ہے کیونکہ شاعری کوئی کرکٹ کا کھیل نہیں ہے کہ دوسری انگ پہلی انگ کے بعد ہی کھیلی جائے۔ یوں بھی غالب مصرعوں میں زیادہ پسند کیے جانے کے لائق شاعر ہیں۔ انہوں نے دس بیس مصرعے تو اس غضب کے کہے ہیں کہ ہر ضرورت کو پورا کرتے ہیں اور اگر وہ صرف مصرعے ہی کہتے، تب بھی اتنے ہی بڑے شاعر ہوتے جتنے کہ وہ مکمل شعر کہنے کی وجہ سے ہیں۔ ان کی شاعری کا یہ پہلو غالب صدی کے دوران ہم سب کے سامنے آیا۔

جشن غالب کے سلسلے میں جتنے بھی جلسے ہوئے ان سب جلسوں کے اناؤنسر غالب کے مصرعوں سے پوری طرح لیس تھے جو بھی جلسہ یا مشاعرہ ہوا اس مصرعے سے شروع ہوا۔ ہوئی تاخیر تو کچھ باعث تاخیر بھی تھا صدر جلسہ کے تعارف کے سلسلے میں کہا گیا وہ آئیں گھر میں ہمارے خدا کی قدرت ہے پتا نہیں اس مصرعے سے اناؤنسر صاحب کی کیا مراد تھی۔ ممکن ہے وہ صدر جلسہ کو خدا کی قدرت کا نمونہ کہنا چاہ رہے ہوں۔ مہمان خصوصی کی تعریف کے پل کے لیے اس مصرعے کو سنگ بنیاد قرار دیا گیا۔ کہتا ہوں سچ کہ جھوٹ کی عادت نہیں مجھے ان جلسوں میں مہمان خصوصی کا انتخاب عموماً طبقہ اناث ہی سے کیا جاتا تھا اور غالب کے کئی مصرعے ان پر صرف کیے جاتے تھے۔

غالب صدی کی وجہ سے کچھ دل دوز واقعات بھی ہوئے۔ کچھ لوگ غالب کی محبت میں اتنے آگے نکل گئے کہ واپس آنے کا راستہ بھول گئے۔ ایک صاحب نے انہی دنوں اپنا سر نیم غالبی مقرر کر لیا اور وہ مرزا احمد اللہ بیگ غالبی کہلانے لگے۔ (کچھ لوگ تو انھیں غالباً بھی کہتے تھے) اس سال انہوں نے باضابطہ حلف اٹھایا تھا کہ وہ کوئی کام غالب کے دیوان سے مدد لیے بغیر نہیں کریں گے۔ اتفاق سے اسی سال ان کے ہاں ایک فرزند کی ولادت عمل میں آئی۔ دوستوں نے گھر آ کر مبارکباد دی تو انہوں نے مبارکباد کے جواب

میں ارشاد فرمایا:

مجھے دماغ نہیں خندہ ہائے بے جا کا

دوستوں میں سے کسی نے پوچھا مرزا صاحب : اس مصرعے کا یہاں کیا موقع تھا۔

بولے:

میں سب جانتا ہوں ہتھکنڈے ہیں چرخ نیلی فام کے

***

مقدمۂ حالی اور غالب شناسی

پروفیسر یونس اگاسکر

حالی نے 'مقدمۂ شعر و شاعری' میں 'شاعری کے لیے کیا کیا شرطیں ضروری ہیں' کے زیر عنوان سب سے پہلے تخیل کا ذکر کیا ہے اور بتایا ہے کہ جس شاعر میں قوت متخیلہ اعلا درجے کی ہوگی، اس کی شاعری اعلا درجے کی ہوگی۔ اپنی قوتِ متخیلہ کے زور پر شاعر جو نتیجے نکالتا ہے، وہ منطق کے قاعدوں پر منطبق نہیں ہوتے لیکن جب دل اپنی معمولی حالت سے قدرے بلند ہو جاتا ہے تو وہ بالکل درست معلوم ہوتے ہیں۔

اپنی بات میں تیقن پیدا کرنے کے لیے حالی نے فیضی کے درجِ ذیل فارسی شعر کی مثال دی ہے:

سخت است سیاہیِ شبِ من
لختے زشب است کوکبِ من

(یعنی میری رات اتنی زیادہ تاریک ہے کہ میری قسمت کا ستارہ بھی اس رات ہی کا ایک ٹکڑا معلوم ہوتا ہے۔)

اس شعر کی توجیہہ میں حالی فرماتے ہیں:

"رات کی تاریکی سب کے لیے یکساں ہوتی ہے، پھر ایک خاص شخص کی رات سب سے تاریک کیوں کر ہو سکتی ہے؟ اور تمام کواکب ایسے اجرام ہیں جن کا وجود بغیر روشنی

کے تصور میں نہیں آسکتا۔ پھر ایک کوکب ایسا سیاہ کیسے ہو سکتا ہے کہ اسے کالی رات کا ایک ٹکڑا کہا جاسکے۔ مگر جس عالم میں شاعر اپنے تئیں دکھانا چاہتا ہے وہاں یہ سب ناممکن باتیں ممکن بلکہ موجود نظر آتی ہیں۔"

عرض کرنا چاہوں گا کہ فیضی کے مذکورہ شعر کی روشنی میں حالی کی رائے کو جوں کا توں تسلیم کرنے میں تردّد ہوتا ہے۔ اس حقیقت کو حالی نے بھی تسلیم کیا ہے کہ تخیّل کی ڈور مشاہدات و تجربات سے بندھی ہوتی ہے۔ چناں چہ قوتِ متخیلہ کی وضاحت کرتے ہوئے فرماتے ہیں:

"وہ ایک ایسی قوت ہے کہ معلومات کا ذخیرہ جو تجربے یا مشاہدے کے ذریعے سے ذہن میں پہلے سے مہیا ہوتا ہے، یہ اس کو مکرر ترتیب دے کر ایک نئی صورت بخشتی ہے اور پھر اس کو الفاظ کے ایسے دل کش پیرائے میں جلوہ گر کرتی ہے جو معمولی پیرایوں سے بالکل یا کسی قدر الگ ہوتا ہے۔"

اس توضیح کی روشنی میں فیضی کا شعر ایک بار پھر ملاحظہ کیجیے:

سخت است سیاہیِ شبِ من
لختے زشب است کوکبِ من

اوّل تو یہ شعر فیضی کے احوال سے میل نہیں کھاتا کہ اسے "جس عالم میں شاعر اپنے تئیں دکھانا چاہتا ہے وہاں یہ سب ناممکن باتیں ممکن بلکہ موجود نظر آتی ہیں، کے ذیل میں رکھا جاسکے۔ دوسرے یہ کہ اس شعر میں تجربے یا مشاہدے سے زیادہ فارسی اور اُردو شاعری میں مروّج تاریکیِ شب کے تصور کو بنیاد بنا کر محض مبالغے کی مدد سے بات کو دل چسپ بنانے کی کوشش کی گئی ہے جسے معمولی پیرایوں سے الگ پیرایہ سمجھنا بھی محال ہے۔

اس شعر کے مقابلے میں غالب کا یہ شعر جسے حالی نے قابلِ اعتنا نہیں سمجھا ہے، حالی کے موقف کی بھرپور کفایت کرتا ہے کہ اس میں مشاہدے کے توسط سے حاصل کردہ ذخیرۂ معلومات کو دل کش اور منفرد پیرایے میں اس طرح پیش کیا گیا ہے کہ دل و دماغ دونوں کے لیے تسکین و راحت کا سامان مہیا ہو جاتا ہے:

کیا کہوں تاریکیِ زندانِ غم، اندھیر ہے
پنبہ نورِ صبح سے کم جس کے روزن میں نہیں

غالب کے ہاں منطقی ربط بھی ہے کیوں کہ زنداں کے روزنوں میں روئی کے گالے ٹھنسے ہونے سے روشنی کے دُخول کا امکان ہی نہیں رہا۔ چناں چہ ایک گہری تاریکی کا عالم ہے جس میں سفید روئی کے گالوں پر سپیدۂ سحر کا گمان ہونا قطعی فطری تاثر ہے۔ اس کے علاوہ 'اندھیر ہے' کے فقرے میں لفظی رعایت کے باوجود بیان کی دل کشی پائی جاتی ہے کہ یہ ٹکڑا متکلم کی بے بسی و ناامیدی کا اشاریہ بھی ہے۔

شاعری کے لیے دوسری شرط حالی نے 'کائنات کا مطالعہ' بتائی ہے۔ فرماتے ہیں:

"اگرچہ قوتِ متخیلہ اس حالت میں بھی جب کہ شاعر کی معلومات کا دایرہ تنگ اور محدود ہو، اس معمولی ذخیرے سے کچھ نہ کچھ نتائج نکال سکتی ہے۔ لیکن شاعری میں کمال حاصل کرنے کے لیے یہ بھی ضروری ہے کہ نسخۂ کائنات اور اس میں سے خاص کر نسخۂ فطرتِ انسانی کا مطالعہ نہایت غور سے کیا جائے۔"

اس شرط کی تکمیل کی مثال کے طور پر حالی نے غالب کا ایک اُردو اور ایک فارسی شعر پیش کیا ہے۔ ملاحظہ ہو:

بوے گل، نالۂ دل، دودِ چراغِ محفل
جو تری بزم سے نکلا سو پریشاں نکلا

بگذر ز سعادت و نحوست کہ مرا
ناہید بہ غمزہ کشت و مریخ و بقہر

عرض کرنا چاہوں گا کہ غالب کے ان دو شعروں کے مضمون اور انداز پیشکش میں کائنات یا فطرت انسانی کے مطالعے سے زیادہ تخیل کی مدد سے اپنے تجربے اور مشاہدے کو شعر میں ایک نئی ترتیب اور نئی صورت میں پیش کر کے اپنا پسندیدہ نتیجہ اخذ کرنے کی سعی نظر آتی ہے۔

شاعر کو پتا ہے کہ بوے گل، نالۂ دل اور دودِ چراغِ محفل ان تینوں میں بکھرنے یا پریشان ہونے کی صفت مشترک ہے۔ لیکن وہ اسے معشوق کی بزم طرب سے ناکام و نامراد لوٹنے کا نتیجہ بتاتا ہے۔ یعنی ایک عمومی مشاہدے کو ایک خصوصی صورت حال سے جوڑتا ہے۔ بوے گل اور دودِ چراغ محفل کی مثال کو اپنے نالۂ دل کے ساتھ شامل کر کے معشوق کی بے اعتنائی و بے رخی کو جو فارسی و اُردو کی غزلیہ شاعری کے مسلمات میں شامل ہے، مزید اجاگر کرتا ہے۔ میرے نزدیک اس شعر کو مطالعۂ کاینات کے ذیل میں رکھنا دشوار ہے۔

غالب نے اپنے فارسی شعر میں عام تصور کے مطابق سعادت و نحوست کے حامل ستاروں ناہید یعنی زہرہ و مریخ دونوں کو اپنے لیے ناموافق و ناساز گار بتایا ہے کیوں کہ قسامِ ازل نے اس کی تقدیر میں صعوبت و کلفت لکھ دی ہے۔ ایسے میں ناہید کا غمزہ بھی وہی کام کرتا ہے جو مریخ کے قہر سے وابستہ سمجھا جاتا ہے۔ کیوں کہ بربادی و ستم رانی کا شکار ہونا تو متکلّم کا مقدر رہے۔

غالب نے اپنے ایک اُردو شعر میں اسی خیال کو دوسرے لفظوں میں اس طرح باندھا ہے:

میرے غم خانے کی قسمت جب رقم ہونے لگی
لکھ دیا من جملۂ اسبابِ ویرانی مجھے

حالی نے مطالعۂ کائنات کی گفتگو کو آگے بڑھاتے ہوئے شاعر کے لیے ضروری قرار دیا ہے کہ وہ کائنات میں گہری نظر سے ان خواص و کیفیات کا مطالعہ کرنے کے بعد جو عام آنکھوں سے مخفی ہوں، مشق و مہارت سے مختلف چیزوں میں متحد اور متحد چیزوں سے مختلف خاصیتیں اخذ کر کے انھیں اشعار میں ڈھالے۔ غالب کے مذکورۂ بالا دونوں شعروں سے اس شرط کی تکمیل ہوتی نظر نہیں آتی کیوں کہ ان میں عام آنکھوں سے مخفی خواص و کیفیات کی بجائے معلوم حقایق اور فرد کے ذاتی تاثرات جھلکتے ہیں۔

حالی نے میر ممنون کا یہ شعر متحد اشیا سے مختلف خاصیتیں استنباط کرنے کی مثال کے طور پر پیش کیا ہے:

تفاوت قامتِ یار و قیامت میں ہے کیا ممنوں
وہی فتنہ ہے لیکن یاں ذرا سانچے میں ڈھلتا ہے

یعنی قامت معشوق اور قیامت دونوں فتنہ ہونے میں تو متحد ہیں مگر فرق یہ ہے کہ فتنۂ قیامت سانچے میں ڈھلا ہوا نہیں ہے۔

عرض ہے کہ میر ممنون نے قامت یار کے مسلمہ تصور کو قیامت سے متعلق عقیدے سے جوڑ کر قامت یار کو سانچے میں ڈھلا ہونے کے سبب نہایت قابل قبول و لایق ستایش بتایا ہے۔ زور تخیل اور حسن بیان کے حامل اس دل کش شعر کو مطالعۂ کائنات کی بحث میں شامل کرنا، موزوں نہیں معلوم ہوتا۔ اس شعر کو معشوق کی صفات کی تحسین سے متعلق گفتگو میں شامل کرنا چاہیے۔

مقدمے کے نصفِ دوم میں حالی نے غزل، قصیدہ اور مثنوی پر بہ تفصیل گفتگو کی

ہے اور ان تینوں اصنافِ سخن کی خوبیوں اور خامیوں پر روشنی ڈالتے ہوئے متقدمین و متاخرین شعرا کے تخلیقی کارناموں کا بھی تنقیدی محاسبہ کیا ہے۔ اس مضمون میں غالب کے غزلیہ اشعار پر حالی کے تنقیدی کلمات سے متعلق گفتگو کرنی مقصود ہے۔ متقدمین کے ذریعے غزل میں باندھے گئے مضامین کو متاخرین شعرا نے کس طرح اپنایا اور ان میں کیا اضافے کیے، اس پر بحث کرتے ہوئے حالی نے شفائی صفاہانی کا ایک شعر نقل کرتے ہوئے لکھا ہے کہ غالب نے اسی شعر سے قصداً یا بلا قصد خیال اخذ کیا ہے اور بہ قول حالی

"اس مضمون کو اصل خیال کے باندھنے والے سے بالکل چھین لیا ہے۔"

فارسی کا شعر ملاحظہ کیجیے:

مشاطہ رابگو کہ بر اسبابِ حسنِ دوست

چیزے فزوں کند کہ تماشا بہ مارسید

یعنی ہماری پسند کے لیے معشوق کا روز مرہ کا سامانِ آرایش کافی نہیں ہے، مشاطہ کو چاہیے کہ اس میں کچھ اور اضافہ کرے کہ اس کا نظارہ کرنے کی نوبت ہم تک آ پہنچی ہے۔ حالی نے غالب کو اس بات کا کریڈٹ دیتے ہوئے کہ انھوں نے اس مضمون کو بہت بلندی عطا کی ہے، نواب تجمل حسین خاں والیِ باندہ کی مدح میں کہے گئے اس شعر کو نقل کیا ہے:

زمانہ عہد میں ہے اس کے محوِ آرایش

بنیں گے اور ستارے اب آسماں کے لیے

حالی نے اس شعر کی شرح کرتے ہوئے لکھا ہے:

مرزا نے ممدوح کو ایک ایسے کمال کے ساتھ متصف کیا ہے جو تمام کمالات کی جڑ ہے۔ یعنی وہ ہر چیز کو کامل تر اور افضل تر حالت میں دیکھنا چاہتا ہے اس لیے ہر شئے اپنے تئیں کامل تر حالت میں اس کو دکھانا چاہتی ہے اور اس سے یہ نتیجہ نکالا ہے کہ اگر یہی حال

ہے تو شاید آسمان کی زیب و زینت کے لیے اور ستارے پیدا کیے جائیں گے۔"

ہمیں حالی کی شرح پڑھ کر ان کی سخن فہمی اور ذہنی رسائی پر ایمان لانا ہی پڑتا ہے۔ مگر غالب کو شفائی صفاہانی کا خوشہ چیں بتانے پر سخت حیرت بھی ہوتی ہے۔ کیوں کہ شفائی کا مضمون غالب کے مضمون سے کم تر ہی نہیں مختلف بھی ہے۔ شفائی نے اپنے ذاتی معیار حسن کی تعریف کی ہے جب کہ غالب اپنے ممدوح کی اعلا ظرفی و تکمیل پسندی کی مدح کر رہے ہیں۔ معشوقِ ازلی کے سجنے سنورنے کا مضمون بھی نیا نہیں ہے۔ اور اس کے لیے اسے کسی مشاطہ کی ضرورت نہیں ہوتی۔ خود غالب کے ہاں اس کی گونج سماعت فرمائیں۔ غالب کہتے ہیں:

آرایشِ جمال سے فارغ نہیں ہنوز

پیشِ نظر ہے آئینہ دایم نقاب میں

شفائی نے مشاطہ کا ذکر کر کے معشوق ازلی کو معشوق مجازی میں بدل دیا ہے جس سے شعر ادنا درجے کا معلوم ہونے لگا ہے۔ جب کہ زمانے کا نواب تجمل حسین خاں کے لیے محو آرایش ہونا، اس مضمون کو ایک نئ جہت دے رہا ہے۔

غالب کے درج ذیل شعر کے تعلق سے بھی حالی کا کہنا ہے کہ غالب نے عرفی شیرازی کے مضمون کو دوسرے لباس میں جلوہ گر کیا ہے۔ شعر ملاحظہ ہو:

محرم نہیں ہے تو ہی نواہاے راز کا

یاں ورنہ جو حجاب ہے پردہ ہے ساز کا

حالی کی رائے میں غالب نے عرفی شیرازی کے اس شعر سے اخذِ مضمون کیا ہے:

ہر کس نہ شناسندۂ راز ست وگرنہ

ایں ہاہمہ راز است کہ معلوم عوام است

حالی کے نزدیک:

'عرفی کا یہ شعر آبِ زر سے لکھنے کے قابل ہے اور اس جس اسلوب میں کہ یہ خیال اس سے ادا ہو گیا ہے، اب اس سے بہتر اسلوب ہاتھ آنا دشوار ہے۔

اس کے بعد غالب کی وکالت میں کہتے ہیں:

"مرزا کی جدّت اور تلاش بھی کچھ کم تحسین کے قابل نہیں ہے کہ جس مضمون میں مطلق اضافے کی گنجایش نہ تھی، اس میں ایسا لطیف اضافہ کیا ہے جو باوجود الفاظ کی دل فریبی کے لطفِ معنی سے بھی خالی نہیں ہے۔"

اخیر میں کہتے ہیں:

عرفی کا یہ مطلب ہے کہ جو باتیں عوام کو معلوم ہیں، یہی در حقیقت اسرار ہیں۔ مرزا یہ کہتے ہیں کہ جو چیزیں مانع کشفِ راز معلوم ہوتی ہیں، یہی در حقیقت کاشفِ راز ہیں۔

اب حالی سے یہ کون دریافت کرے کہ حضرت 'جو باتیں عوام کو معلوم ہیں، یہی در حقیقت اسرار ہیں' اور 'یہی در حقیقت کاشفِ راز ہیں' میں کون سی معنوی مناسبت ہے جس کی بنا پر آپ نے غالب کو عرفی شیرازی کے شعر سے مضمون اُڑا لینے کا مرتکب ٹھہرایا ہے؟

اور یہ بھی کہ جو راز معلوم عوام ہوں وہ بھلا اسرار کیوں کر ٹھہرائے جائیں گے؟

عرفی کے شعر کا معنوی تضاد خود اُن کے شعر کو سبک ٹھہرانے کے لیے کافی ہے۔

اور جہاں تک غالب کے شعر کا سوال ہے اس کا ایک ایک لفظ معنویت سے پر اور پردۂ ساز کی ترکیب غالب کی انفرادیت اور اختراع پسند طبیعت پر دال ہے۔ موسیقی کی اصطلاح میں تاروں والے سازوں میں لگنے والے پیتل کے وہ ٹکڑے جن پر انگلیاں چلا

کر یا جنھیں انگلیوں سے دبا کر الگ الگ سُر قایم کرتے ہیں، پردہ کہلاتے ہیں۔ اسی طرح بعض سازوں پر آڑے لگے ہوئے تاروں کو جن پر موسیقار انگلیاں چلا کر راگ یا سر نکالتا ہے، پردہ کہا جاتا ہے۔

غالب نے نہ صرف محرم، نواہاے راز، حجاب اور پردۂ ساز کی لفظی مناسبت سے بیان میں دل کشی پیدا کی ہے بلکہ معنوی اعتبار سے بھی شعر کو اس مقام پر پہنچا دیا ہے جہاں طائرِ خیال کے پر جلنے لگتے ہیں۔

اخیر میں عرض کر دوں کہ غالب نے موسیقی کی اصطلاحوں خصوصاً پردۂ ساز کی ترکیب کو ایک سے زیادہ بار استعمال کیا ہے اور ہر جگہ اپنی انفرادیت کی چھاپ ڈالی ہے:

غالب کا یہ مشہور شعر کس نے نہیں سنا ہو گا

نہ گلِ نغمہ ہوں نہ پردۂ ساز

میں ہوں اپنی شکست کی آواز

اب دو کم معروف شعر بھی سن لیجیے:

جاں مطربِ ترانۂ ہل من مزید ہے

لب پردہ سنجِ زمزمۂ الاماں نہیں

فریاد اسد غفلتِ رسوائی دل سے

کس پردے میں فریاد کی آہنگ نکالوں

***

غالب شناسی اور احمد ندیم قاسمی

ڈاکٹر ناہید قاسمی

(پہلی بات تو یہ کہوں گی کہ تسلیم احمد تصور صاحب جیسی بے غرض، مخلص و مہذب، محنتی اور علم و فن دوست شخصیات کی فی زمانہ ہمارے مضطرب، پریشان اور بکھرے بکھرے معاشرے کو خاص طور پر سخت ضرورت ہے تا کہ ہماری انسانیت کے اعلی معیار اور ہماری تہذیب کی عمدہ اقدار نہ صرف محفوظ رہ سکیں بلکہ رواں دواں زمانے کے ساتھ مزید نکھرتی چلی جائیں۔

یہ بھی اہم ہے کہ تصور صاحب نے اپنے آپ کو صرف اور صرف عہد غالب تک محدود نہیں کر لیا بلکہ وہ غالب کے ساتھ ساتھ دور جدید تک آگئے اور اس دور کے دو بڑے اور اہم شعراء فیض اور ندیم کو بھی یاد رکھا کہ اس برس فیض کا صد سالہ یوم ولادت ہے اور ندیم کا پچانوے واں یوم ولادت بھی ہے۔

میں تصور صاحب کا شکریہ ادا کرتی ہوں کہ مجھے پھر سے غالب کے بے مثال کلام اور ندیم کی قابل قدر آراء سے مسرور و مستفیض ہونے کا موقع دیا۔ اور اس اہم غالب سیمینار میں شریک ہونے کی عزت بخشی۔ شکریہ تسلیم احمد تصور صاحب!)

مجھے احمد ندیم قاسمی کی غالب شناسی کا جائزہ لینا ہے۔ دراصل ایک عہد کا بڑا شاعر جب پچھلے زمانوں کے عظیم شعراء کی خوبیوں اور خصوصیتوں کا اعتراف نہایت خلوص نیت سے کرے تو تحریر میں چاشنی اور تاثیر میں لطف دو'نا ہو جاتا ہے۔ احمد ندیم قاسمی یوں تو ہر عمدہ شعر اور ہر اچھے شاعر کے قدردان رہے ہیں لیکن کچھ کے وہ مداح بھی ہیں اور سب سے بڑھ کر مدح خواں وہ غالب کے رہے ہیں۔

غالب کا مقام ندیم کے نزدیک یہ ہے کہ:

ہو کیوں نہ مجھ کو اپنے مذاقِ سخن پہ ناز
غالب کو کائناتِ سخن کا خدا کہوں

ایک انٹرویو میں ندیم سے سوال کیا گیا کہ اگر تاعمر آپ کو کسی ویران جزیرے میں بھیج دیا جائے تو آپ اپنے ساتھ کیا لے جانا پسند کریں گے؟ ندیم نے جواب دیا: قرآن پاک اور دیوانِ غالب!

جبکہ اپنی نثر میں ندیم نے مختلف مواقع پر اور مختلف مضامین میں صاف اظہار کیا ہے کہ غالب، ندیم کے پسندیدہ ترین فنکاروں میں نمایاں تر درجے پر ہیں۔ یہ سچی اور خالص پسندیدگی ہی ہوتی ہے جو اپنی پسند کی شخصیت کی خوبیوں کو شناخت کروالیتی ہے۔ یا یوں کہیں کہ اپنی پسند کی خوبیاں انہیں اس مخصوص اور پیاری شخصیت میں مجتمع نظر آتی ہیں۔

ندیم کو بوجوہ نوعمری سے ہی غالب سے دلچسپی تھی۔ اپنے پہلے مجموعہ کلامؒ جلال و جمالؒ کے دیباچے میں لکھتے ہیں:

علمی و ادبی ماحول کا میری طبیعت پر اتنا گہرا اثر پڑا، کہ چھٹی جماعت ہی سے میں نے ایک بیاض میں اُردو کے پاکیزہ اشعار لکھنے شروع کر دیئے۔ مجھے اب تک یاد ہے کہ ان دنوں بھی مجھے غالب کا یہ شعر آج ہی کی طرح پسند تھا:

سراپا رہنِ عشق و ناگزیرِ الفتِ ہستی
عبادت برق کی کرتا ہوں اور افسوس حاصل کا

دس گیارہ برس کی عمر میں اِس بے پناہ شعر کے معنی کا شعور چچا جان مرحوم کی ہمہ گیر اور ہمہ صفت شخصیت کا معجزہ ہے۔" (۱)

علم و عرفان کے مختلف مراحل طے کرتی ندیم کی غالب شناسی نے بالآخر مستحکم آراء قائم کر لیں اور آئندہ برسوں میں بھی انہوں نے اس سلسلے کی اپنی رائے میں کسی طرح کی تبدیلی کی ضرورت نہیں محسوس کی البتہ انہیں مزید نکھار ضرور لیا۔ سرِ دست میں ندیم کی غالب شناسی کی شناخت اور جانچ کے لئے ادبی کالم " تہذیب و فن " کے عنوان کے تحت شائع ہونے والے ان کے مضامین سے گواہی لوں گی۔

خیال رہے کہ یہ غالب شناسی کسی مستند محقق یا نقاد کی تحریر کردہ نہیں ہے بلکہ یہ تو ایک اور بڑے اور اہم شاعر کی آراء ہیں۔ اس طرح وادیء سخنِ غالب کا نظارا ایک نفیس شاعر کی نظر سے کرنا خاصا دلچسپ اور قلب و ذہن کشا عمل رہا۔ مجھے یہ بھی احساس ہوا کہ ندیم کی آراء پر مشتمل اِن زیرِ مطالعہ مضامین میں شاعر ندیم، افسانہ نگار ندیم، کالم نویس ندیم کی پہلو دار ادبی شخصیت کا ایک الگ سا عالیشان اور قابلِ قدر کام بھی ہے جو اہلِ علم و دانش کی توجہ چاہتا ہے۔

بیسویں صدی کے تقریباً وسط میں ۱۹۶۶ء سے ندیم نے ادبی کالم "تہذیب و فن" تحریر کرنا شروع کیا اور آغاز ہی مرزا غالب کے ذکر سے کیا۔ غالب شناسی کے نمائندہ اِن مضامین کا آغاز غالب کی صد سالہ برسی پر ادبی اور صحافتی حلقوں کی بے خبری اور بے اعتنائی کے ذکر سے کیا ہے۔ ندیم کا لہجہ سنجیدہ، پروقار مگر طنزیہ ہے۔ چونکہ وہ اُردو ادب کے ایک جینئس کا جائز دفاع متاثر کن انداز میں کر رہے ہیں اس لئے شوخی کی بجائے عالمانہ انداز اپنایا ہے ہلکا سا سنبھلا ہوا خندہ زیرِ لب ضرور بر قرار رکھا ہے۔ یہ سب مضامین "پسِ الفاظ" میں شامل کر کے ندیم نے کتابی صورت میں شائع کروا دیئے تھے۔ اس سلسلے کے اپنے پہلے مضمون بعنوان "غالبِ خستہ کے بغیر" میں ندیم اُن لوگوں کا ذکر کرتے ہیں جنہیں غالب پر تین اعتراض ہیں۔ ایک تو وہ لوگ سمجھتے ہیں کہ غالب کے ہاں آمد کم اور

آورد زیادہ ہے۔ دوسرے یہ کہ وہ نثر میں سوچتا ہے اور سپاٹ ہے اور تیسرا اعتراض یہ ہے کہ نڈر شاعر نہیں۔ ندیم نے اِن اعتراضات کو سخت ناانصافی اور سراسر الزام قرار دیا ہے۔ ندیم کہتے ہیں کہ :

"غالب کو اُس عہد میں اکثریت نے رد کیا تھا لیکن بالآخر زرِ خالص اور مسِ خام کا امتیاز قائم ہو کر رہا۔"

اس سلسلے کے دیگر مضامین میں ندیم آہستگی اور سلیقے کے ساتھ دھیرے دھیرے غالب چراغ جلاتے رہے اور یوں اصلی روشنی کا سچا سفر آگے بڑھا دیا۔ یہ مضامین ۱۹۶۰ کی دہائی کے آخری حصے اور ۱۹۷۰ کی دہائی کے شروع کے حصے میں لکھے گئے۔ یہ مسلسل یا ترتیب وار نہیں بلکہ مختلف مواقع پر تحریر کئے گئے۔ موضوعات اور مسائل کی اہمیت کی وجہ سے ناگزیر تکرار کے باوجود متنوع خیالات کے حامل ہیں۔ ندیم کی آراء میں تضاد اور ٹکراؤ نہیں بلکہ استحکام ہے۔ یہ سبھی موضوعات ایسے ہیں جن پر نقادوں کے علاوہ تخلیقی فنکاروں نے بھی ہر دور میں غور کیا۔ سو ندیم نے بھی ان اہم ادبی اور فنی مسائل پر غور اور اظہارِ خیال کیا لیکن کسی کی پیروی یا تقلید میں نہیں بلکہ اپنے نقطہ ء نظر اور اپنی منفرد سوچ کے مطابق ایسا کیا۔ اپنے اِن مضامین کے بارے میں ندیم کا کہنا ہے:

"ایک تخلیق کار ادب و فن اور زندگی کے گوناگوں مسائل کے بارے میں سوچتا ضرور ہے۔ یہ مضامین ان ہی سوچوں کا اظہار ہیں۔"(۲)

اسے دراصل ہم ایک تخلیق کار کی بالواسطہ خود تنقیدی کی داستان کہیں گے۔ کیونکہ یہ محض تخلیق کار ہی نہیں ہے بلکہ اہم مسائل پر بھی غور و فکر کرتا ہے۔ ندیم مزید بتاتے ہیں کہ :

"میں نے یہ مضامین اس اعتماد کے ساتھ سپردِ قلم کئے ہیں کہ انہیں مروّجہ تنقیدی

معیاروں کی روشنی میں پرکھنے کے ساتھ یہ بھی دیکھا جائے کہ ادبی وفنی مسائل کے بارے میں لکھتے ہوئے، مہذب اور شائستہ لہجہ کتنا ضروری ہے...... میں نے " فقرے بازی " سے اجتناب کیا ہے۔"(۳)

جبکہ ڈاکٹر شکیل الرحمن اپنے ایک مضمون " احمد ندیم قاسمی اور غالب " میں لکھتے ہیں:

" .....بہت کم لوگوں کو اِس بات کی خبر ہے کہ پاکستان میں احمد ندیم قاسمی نے " غالب کی لڑائی لڑی ہے"۔ اس غالب شناس اور غالب پسند تخلیقی فنکار نے غالب کے خلاف لکھنے والوں کی تحریروں کو پڑھ کر ہمیشہ بڑے دُکھ کا اظہار کیا ہے..... قاسمی صاحب غالب کے لیے اپنی بات آخری عمر تک کہتے رہے، غالب کی مخالفت کرنے والوں کو مسلسل جواب دیتے رہے..... احمد ندیم قاسمی کی غالب شناسی اور غالب پسندی ہمیں طرح طرح سے متاثر کرتی ہے۔"(۴)

غالب پر ایک مضمون بعنوان "غالب کی صد سالہ برسی "میں ندیم نے ادبی دنیا میں فراخ دِلی کو فروغ دینے کی سعی کی ہے۔ مضمون کے آغاز میں ندیم اِس سوال کے پھیلائے جانے پر حیران ہیں کہ غالب کس کا ہے ؟ وہ لکھتے ہیں:

"خدا نہ کرے کہ یہ بات صحیح ہو، مگر میں نے بعض ادبی حلقوں میں یہ افواہ گرم پائی ہے کہ غالب بڑا شاعر سہی، مگر وہ اِس حد تک ہمارا نہیں ہے جس حد تک اُسے ظاہر کیا جا رہا ہے۔ یہ طرزِ فکر شدید اور خطرناک نوعیت کے ذہنی افلاس کی پیداوار ہے اور تنگ دِلی اور تنگ نظری کا نمائندہ ہے۔"

ندیم واضح کرتے ہیں کہ میں چاہتا ہوں یہ بات ابھی سے صاف ہو جائے کہ غالبؔ نے اگر ساری عمر دہلی میں بسر کی اور دفن بھی وہیں ہیں تو اِس کے باوجود وہ بالکل اسی طرح

ہمارا ہے جیسے سرسید، شبلی، حالی اور اکبر الہ آبادی کو ہم اپنا کہتے اور سمجھتے ہیں کہ وہ ہماری تہذیب کا سرمایہء افتخار ہیں۔

ندیم کہتے ہیں:

"یہ وہی (تعلق) رشتہ ہے جس کے تحت کسی بھی قوم کی ایک عظیم فنی شخصیت کی تخلیقات کو ساری دنیا اپنے سینے سے لگالیتی ہے۔ پھر غالب تو سراسر ہمارا اپنا ہے۔ وہ تو اقبال سے لے کر اب تک پوری اُردو اور علاقائی زبانوں کی شاعری اور نثر پر ہمہ گیر اثرات رکھتا ہے..... ہمارا مؤقف تو صرف یہ ہے کہ غالب ہمارا شاعر ہے کیونکہ وہ اس تہذیب کا ایک بلیغ نمائندہ تھا جسکے تحفظ اور نکھار کے لئے ہم نے غالب کے انتقال کے ۷۸ برس بعد برصغیر میں ایک الگ آزاد مملکت قائم کی۔..... سو۔ غالب صرف چند "سرپھرے" اہلِ قلم ہی کا ہیرو نہیں ہے بلکہ ہماری قومی تہذیب کی ایک متاع عظیم ہے۔"

اپنے ایک اور مضمون "پوچھتے ہیں وہ کہ غالب کون ہے؟" میں ندیم کہتے ہیں کہ عظیم شخصیتوں کی یاد تازہ رکھنے کا فی الحال یہی طریقہ ہمارے پاس ہے کہ ہم ان کی برسی پر مِل بیٹھیں اور سوچیں کہ اُنہوں نے ہمیں کیا کچھ دیا اور اگر یہ سب کچھ ہمیں نہ ملتا تو ہم تہذیبی لحاظ سے کتنے مفلس ہوتے۔

ندیم سمجھتے ہیں کہ غالب کی نظم و نثر برصغیر پاکستان و ہند کے مسلمانوں کے فکر و فن کا نقطہء اوج ہے۔ غالب ہم سے چھن جائے تو ہم سب کتنے غبی دکھائی دینے لگیں.... غالب نے ہم سے کوئی بہت بڑا مطالبہ تو نہیں کیا تھا۔ ہمیں تو صرف اُس کی یاد کو تازہ کرنا تھا تاکہ ہمیں اتنا اطمینان تو حاصل رہے کہ دل میں نظر آتی تو ہے اِک بوند لہو کی۔ کیونکہ غالب نے ہماری سوچوں کو پر لگائے ہیں اور روح کو گداز بخشا ہے اور دِل کی برف پگھلائی ہے اور ذہن پر جمی کائی کو ہٹا کر اسرارِ حیات اور وسعتِ کائنات پر فکر و تامل

کرنا سکھایا ہے۔ اُس نے کہا تھا:

لکھتے رہے جنوں کی حکایاتِ خوں چکاں
ہر چند اس میں ہاتھ ہمارے قلم ہوئے

اور جس نے محض یہ کہہ کر ارتقاء کو کتنا عظیم اور پھر کتنا آسان بنا دیا تھا کہ:

ہے کہاں تمنا کا دوسرا قدم یارب
ہم نے دشتِ امکاں کو ایک نقشِ پا، پایا

ندیم نے یہ کہہ کر ایک اہم نقطہ اُٹھایا ہے کہ:

" یہ ہماری بد قسمتی ہے کہ ہم قومی زندگی کے ہر شعبے میں گروہ بندی کے شکار ہو گئے ہیں۔ جو میر کے معتقد ہیں وہ غالب کا نام تک نہیں سُن سکتے۔ جو غالب کے مداح ہیں وہ میر کی سادگی پر ہنستے ہیں اور جو اقبال سے متاثر ہیں وہ میر اور غالب دونوں کو ذہنی عیاشی کے دور کے شاعر سمجھتے ہیں۔ "

اِسی بنا پر ندیم مشورہ دیتے ہیں کہ:

" نئی نسل کو عظمتِ میر و غالب و اقبال کی نفی نہیں کرنا چاہیئے کہ ہمارے لیئے میر بھی اہم ہے کہ اُس نے ہمارے غم کو تہذیب سکھائی ہے۔ غالب بھی اہم ہے کہ اُس نے جمود کے خول کو توڑ کر ہمیں گہرائیوں اور بلندیوں کا شعور بخشا اور اقبال بھی اہم ہے کہ اُس نے ہمیں عصرِ حاضر کا آئینہ دکھایا ہے اور ہماری قد آوری کا عرفان دیا ہے۔ "

ندیم اِس بات کو بھی قابلِ غور سمجھتے ہیں کہ:

" غالب نے اُردو شاعروں میں سے اگر کسی کو تسلیم کیا ہے تو وہ میر ہے اور اقبال نے اُردو شاعروں میں سے اگر کسی کو مانا ہے تو وہ غالب ہے۔ "

ندیم اِس خطرے سے بھی آگاہ کرتے ہیں کہ:

"اگر ہم غالب کو اِس لئے بھُولے جارہے ہیں کہ وہ ہمیں "اپیل" نہیں کرتا تو مجھے یہ کہنے کی اجازت دیجئے کہ ہم ذہنی طور پر اُجڑ چلے ہیں۔ ہمارا احساس بنجر ہو گیا ہے۔ لطافت سے ہمارا رشتہ ٹوٹ گیا ہے اور ہم مشینوں میں بدلتے جارہے ہیں۔"

اسی لئے وہ تلقین کرتے ہیں کہ غالب تو متاع عظیم ہے جس کی قدرو قیمت سے کماحقہ، شناسا ہونا چاہیئے۔

غالب فہمی کے سلسلے میں ندیم نے ایک پر معنی اور بے حد نفیس مضمون بعنوان "جیتا جاگتا غالب" تحریر کیا۔ جسے میرے خیال میں کوئی ثقہ بند ناقد اس طرح سے نہیں لکھ سکتا تھا کیونکہ اس میں دانش اور جواز کے ساتھ جذبہ واحساس بھی اچھی طرح گھُل مِل گئے ہیں اور یہ ایک بڑے شاعر کا اندازِ شناخت و قدر دانی ہے۔ ندیم اعتراف کرتے ہوئے کہتے ہیں:

"اتنا عرصہ گزر جانے کے باوجود غالب کی شخصیت کی تازگی اور توانائی میں کوئی کمی نہیں آئی..... غالب ہر بڑے فنکار کی طرح وقت کی دستبرد سے آزاد ہے۔ وقت اُسے اپنی کسوٹی پر کس کر ہمیشہ کے لئے کھرا اقرار دے چکا ہے..... کسی شخصیت کی تحسین میں جب الفاظ سِپر انداز ہونے لگیں تو یہ اُس شخصیت کی بے پناہی اور ہمہ گیری کا ثبوت ہوتا ہے۔"

ندیم نے غالب کے فنّی دوام کے کچھ اہم ترین اسباب طے کئے ہیں۔ پہلا سب سے اہم سبب یہ ہے کہ غالب خیال و اظہار (نئے الفاظ اور نئے مفاہیم) کے معاملے میں تازہ کار ہے۔ یوں شکست ویاس اور جمود و تعطل کے شکار معاشرے کی تاریکی میں غالب روشنی کا اثبات کرنے آیا اور قوم کو آئینِ نو کی آنکھوں میں آنکھیں ڈالنے کی تربیت دینے کا کٹھن کام کیا۔

غالب کے فکری و فنّی دوام کا دوسرا اہم سبب یہ ہے کہ غالب اُردو اور فارسی کا پہلا شاعر تھا جس نے اپنے جذبہ و وجدان کو اپنا سرمایہ کہتے ہوئے بھی عقل و دانش کی نفی نہیں کی۔ جب کوئی شاعر یہ کہے کہ:

چشم کو چاہئے ہر رنگ میں واہو جانا

تو اُس کے فن کو شکست نہیں ہو سکتی۔ اِس سے پہلے ہماری شاعری میں وہ جنون تھا جو خواب دیکھنے کی حد تک تو یقیناً جائز بلکہ ضروری ہے مگر جس نے ہمارے ہاں خرد دشمنی کی صورت اختیار کر رکھی تھی۔ جبکہ غالب نے نہ صرف خرد کی چشم کشائی کی بلکہ اپنی فنّی صلاحیتوں کے بل پر اُسے ایک حُسن سے آراستہ کیا اور اُردو کا پہلا خرد مند، صاحبِ دانش اور تعقل پسند قرار پایا۔ اور اس نے جہاں فکری جمود کو توڑا، وہاں لسانی جمود کو بھی ختم کیا.... غالب کو خود بھی اپنی اس معجز نگاری کا دراک حاصل تھا۔ اسی لیے وہ بڑے دعوے سے کہتا ہے:

گنجینہء معنی کا طلسم اس کو سمجھئے

جو لفظ کہ غالب مِرے اشعار میں آوے

بقول ندیم غالب کے فنی دوام کا ایک پہلو یہ بھی ہے کہ غالب کے دور کے مروجہ نظامِ حیات میں اُسکی آنکھوں کے سامنے ایک انقلاب آ رہا تھا مگر اس انقلاب نے اُسے کلبیت کا شکار نہ ہونے دیا بلکہ اُسے اس یقین کی دولت بخشی کہ کائنات میں جمود کا وجود ہی نہیں۔ کائنات مسلسل حرکت میں ہے اور مسلسل حرکت سے تبدیلی پیدا ہوتی ہے، تغیر رونما ہوتا ہے، انقلاب آتا ہے۔ پُرانی قدریں ٹوٹتی، نئ قدریں تشکیل پاتی ہیں۔ ذہن کے اُفق وسیع ہوتے ہیں۔ سورج کی پرواز نئ دنیائیں دریافت کرتی ہے۔

غالب کے فنی دوام کا ایک اہم سبب ندیم نے یہ بھی بتایا ہے کہ بے شک غالب عمر

بھر ایک دانشورانہ کرب میں مبتلا رہا اور ظاہر ہے کہ دانشورانہ کرب میں صرف وہی لوگ مبتلا ہو سکتے ہیں جن کی دانش بیدار ہو۔ لیکن شدید المیاتی کیفیت میں بھی غالب نے بہتر دِنوں کی اُمید کو محفوظ رکھا۔ غالب نے برصغیر کی تاریخ کے سب سے بڑے المیے کو اپنی آنکھوں سے دیکھنے کے باوجود کبھی ہار نہیں مانی، وہ رویا ضرور ہے۔ اُس نے اپنے کرب کو چھپانے کی کوشش بھی نہیں کی۔ مثلاً:

بے دِلی ہائے تماشہ کہ نہ عبرت ہے نہ ذوق
بے کسی ہائے تمنا کہ نہ دنیا ہے نہ دِیں
عشق بے ربطیءِ شیرازہءِ اجزائے حواس
وصل زنگارِ رخِ آئینہءِ حُسنِ یقیں
کس نے دیکھا نفسِ اہلِ وفا، آتش خیز
کس نے پایا اثرِ نالہءِ دِل ہائے حزیں

مگر وہ ساتھ ہی یہ بھی تو کہتا ہے:

آتش کدہ ہے سینہ مِرا، رازِ نہاں سے
اے وائے اگر معرضِ اظہار میں آوے
کانٹوں کی زباں سوکھ گئی پیاس سے یارب
اِک آبلہ پا وادیءِ پُر خار میں آوے

اور غالب کو اس "آبلہ پا" کی آمد کا یقین تھا۔

غالب کے فنی دوام کا پانچواں اہم سبب ندیم کے نزدیک یہ ہے کہ اُس نے مسائلِ حیات و کائنات سے پنجہ آزمائی کی اور آج بھی وہ سوالات اہم ہیں جن پر اُردو ادب کی تاریخ میں سب سے پہلے شاید غالب نے ہی غور کیا تھا:

جب کہ تجھ بِن نہیں کوئی موجود
پھر یہ ہنگامہ اے خدا کیا ہے ؟
یہ پری چہرہ لوگ کیسے ہیں ؟
غمزہ و عشوہ و ادا کیا ہے ؟
شکنِ زُلفِ عنبریں کیوں ہے ؟
نگہِ چشمِ سُرمہ سا کیا ہے ؟
سبزہ و گُل کہاں سے آئے ہیں ؟
اَبر کیا چیز ہے ؟ ہَوا کیا ہے ؟

یوں غالب اپنے آس پاس مسلط فکری جمود کو توڑ رہا تھا۔ وہ حیات و کائنات کے رشتوں پر غور کر رہا تھا اور اپنے قاری پر پہلی بار یہ راز فاش کر رہا تھا کہ:

ہیں کواکب کچھ، نظر آتے ہیں کچھ
دیتے ہیں دھوکا یہ بازی گر کھُلا

راز کے اِسی افشا کا نتیجہ ہے کہ غالب کے انتقال کے کوئی پینسٹھ برس بعد اقبال اپنے قاری کو مطلع کرتا ہے:

ستارہ کیا مِری تقدیر کی خبر دے گا
وہ خود فراخیٔ افلاک میں ہے خوار و زبوں

ندیم کے مضامین کے آخری حصّے انتہائی متاثر کُن ہوتے ہیں اور خاص طور پر قاری کے سوچنے اور غور و فکر کرنے کے لئے بہت کچھ چھوڑتے ہیں مثلاً مضمون " جیتا جاگتا غالب " کے آخری پیرا گراف کے کچھ جملے ملاحظہ کیجئے:

" یوں غالب توہمات کے تسلّط کو جھٹکا کر زمین اور زندگی کے مسائل کو اولیت دیتا

ہے..... وجہ یہ ہے کہ غالب تو عقل و دانش اور مشاہدہ و فکر کا شاعر ہے۔ اِسی سبب سے جب ہم آج بھی اسکی غزل پڑھتے یا سنتے ہیں تو ایسا محسوس ہوتا ہے کہ انیسویں صدی کے نصف اول کا یہ شاعر آج کے لہجے اور محاورے میں نہایت جیتے جاگتے تیوروں کے ساتھ 'ہم سے ہم کلام ہے' اور مجھے یقین ہے کہ غالب ابھی صدیوں تک ہماری کئی نسلوں سے اِسی تازگی اور توانائی کے ساتھ ہم کلام رہے گا۔"

ندیم اپنے مضمون "غالب۔ فکر و فن کا بے مثال امتزاج" میں بتاتے ہیں کہ :

"ایسے میں مشکل یہ ہے کہ ہلکی پھلکی چٹخارے دار شاعری نے شعر کے قاری کو بہت سہل پسند بنا دیا ہے۔ اس لئے غالب اِن کے معیارِ ذوق سے ماورا رہتا ہے۔ جبکہ غالب فکر و فن کا ایک متوازن اور حسین امتزاج ہے..... یہ واضح کر دینا ضروری ہے کہ فنِ محض سے بھی ایک خاص سطح کی دِلآویز شاعری تخلیق کی جاسکتی ہے مگر 'فکرِ محض' شاعری کی نفی ہے..... میں مانتا ہوں کہ محاکات بھی ہمارے کئی جمالیاتی تقاضوں کو پورا کرتے ہیں مگر انسانی زندگی بے حد متنوع اور انسانی ذہن بے حد پر اسرار ہے۔ وہ جہاں 'پاسِ ناموسِ عشق' کی خاطر ضبطِ گریہ کرتا ہے وہاں انسان اور کائنات کے رشتوں پر بھی غور کرتا ہے ..... اور شاعری ایک کیفیت ہی کا نام ہے نہ کہ 'علم' کا۔"

مجھے اپنے اِس زیرِ تحریر مضمون کے لئے دیکھنا تو یہ ہے کہ ندیم نے اپنے خیالات کس طرح بیان کئے ہیں لیکن ترجیح اِس بات کو دینا ہے کہ ندیم کی غالب شناسی کے آئینے نے غالب کی ادبی شخصیت کی انفرادیت اور سچائی کو کیسے نمایاں کیا۔ مثلاً ندیم یہ تسلیم کرتے ہیں کہ غالب کے فکری عناصر اپنے زمانے کے مطابق زیادہ تر مسائل تصوف ہی کے شاعرانہ اظہار پر مشتمل ہیں۔ مگر ندیم کو غالب کا یہ عرفان کہ:

میں عندلیبِ گلشن ناآفریدہ ہوں

بہت ہی اہم معلوم ہوتا ہے۔ کیونکہ اس طرح غالب اپنے عصر کے مسائل سے آگے بڑھ کر سوچتا ہے اور اپنے عصر کے حقائق سے بھی نمٹنے کی کوشش کرتا ہے۔ ندیم کا کہنا ہے کہ یہ اپنے دور سے آگے بڑھ کر سوچنے کا اہم کام صرف اُسی فنکار کے حصے میں آتا ہے جسے اس دور کے حقائق کا مکمل ادراک حاصل ہو جس میں وہ سانس لے رہا ہے۔

ندیم کے خیال میں جو شاعر دہقان کے خونِ گرم کو برقِ خرمن کے ہونے کی صورت میں دیکھ سکتا ہے اس پر صوفیانہ ترک کا الزام بے انصافی ہے۔ ندیم کا یقین اس میں ہے کہ غالب جیسا سچا اور دیانت دار فنکار بہتر اور خوشگوار تر زندگی کا پرستار ہوتا ہے وہ حالات سے شکست نہیں کھاتا اور تصوف کے مسائل سے دلچسپی ہونے کے باوجود غالب بے انتہا جری قسم کا حقیقت پسند شاعر ہے۔ جبھی کہتا ہے:

ہوئی جن سے توقع خستگی کی داد پانے کی
وہ ہم سے بھی زیادہ خستہء تیغِ ستم نکلے

اور۔

تیری وفا سے کیا ہو تلافی، کہ دہر میں
تیرے سوا بھی ہم پہ بہت سے ستم ہوئے

ندیم واضح کرتے ہیں کہ غالب کا دور وہ تھا جب غالب کا سا شاعر جسے اپنی عظمت کا پورا پورا احساس تھا۔ مگر شاہِ وقت کی ناراضی کے خوف سے نہایت دُکھ کے ساتھ یہ تک کہنے پر مجبور ہو جاتا تھا کہ

کچھ شاعری ذریعہء عزت نہیں مجھے

حالانکہ خود غالب نے کہہ رکھا ہے کہ

شعر خود خواہش آں کرد کہ گردد فن ما

ندیم کا کہنا ہے کہ دراصل غالب کو ناموافق صورت حال میں بھی خاموش ہو جانے سے محفوظ رکھنے میں اُن کے زندہ افکار کا بہت بڑا حصہ ہے کیونکہ یہ خود زندگی کے افکار ہیں۔ بلاشبہ وہ " جنوں کی حکایاتِ خونچکاں " لکھنے پر ہاتھوں کے قلم ہو جانے کی بات کرتا ہے مگر اس کا یہ "جنوں" اس کے زمانے کے مروجہ معیارِ عقل وادراک کے خلاف ایک بغاوت ہے۔ وہ بڑا باشعور دیوانہ ہے اور اسی میں اس کی عظمت ہے۔ ندیم سمجھتے ہیں کہ اقبال ایک پیغام کا، ایک "مشن" کا شاعر ہے اور غالب صرف شاعر ہے۔ اُس کے جیسی زندہ فکر سے آراستہ ہو کر سچ مچ کا شعر کہنا اِکا دُکا شاعروں ہی کا کام ہے۔

اپنے مضمون " غالب کا اندازِ گُل افشانیء گفتار" میں کلامِ غالب کی نمایاں خصوصیات کو دہرانے کے بعد ندیم کہتے ہیں کہ غالب ایک عظیم تہذیبی ورثے کا آخری امین تھا۔ کہا گیا ہے کہ مغل تہذیب کا سارا حُسن اور قرینہ غالب کے اندازِ گفتار میں سمٹ آیا ہے۔ دراصل غالب مٹتی ہوئی مغل تہذیب کا نوحہ خوان بھی ہے اور نئے عہد کا نقیب بھی ہے۔ وہ تہذیبی سفر کے اس مرحلے سے حیران و سراسیمہ نہیں ہے۔ " چشم کا وا ہونا" اور پھر " ہر رنگ میں وا ہونا" اُردو شاعری کے لئے بالکل نئی چیز تھی۔ جبکہ اس سے پہلے خرد دشمنی عام تھی غالب نے اسے ایک حُسن سے آراستہ کیا۔

ندیم کے خیال میں غالب آج بھی نیا ہے وہ اس لئے پرانا نہیں ہو پاتا کہ اس کا اندازِ گُل افشانیء گفتار آج بھی نیا ہے۔ آج بھی اُس کے اشعار الفاظ کے جدید تر معانی سے لبریز نظر آئیں گے۔ شاندار الفاظ میں معانی کا سمندر اسطرح ٹھاٹھیں مار رہا ہے کہ ایک مفہوم کی لہر کے اندر سے دوسرے مفہوم کی لہر بلند ہو کر ابلاغ کا سفر طے کرنے لگتی ہے۔ غالب کی سلاست میں بھی انتہا کی بلاغت ہے دراصل سادگی اور پُرکاری کا اتحاد غالب کا اسلوب متعین کرتا ہے وہ الفاظ کے نئے مفاہیم سے باذوق قاری کے ذہن کو زیادہ سے زیادہ

آسودہ کرتا ہے اور یہ محض اپنے دور پر ہی نہیں بلکہ نسلوں پر احسان ہے۔ غالب تو فن میں عقل و دانش کا، فکر و مشاہدے کا شاعر ہے۔ اُس کا موضوع بھی اس کا اپنا ہے اور انداز بھی اُسکا اپنا ہے۔ اُسکی غزل سُنتے ہیں تو ایسا محسوس ہوتا ہے جیسے وہ آج بھی ہمارے درمیان زندہ ہے اور ہم سے ہم کلام ہے:

ہے بسکہ ہر اِک ان کے اشارے میں نشاں اور
کرتے ہیں محبت تو گزرتا ہے گماں اور
یارب نہ وہ سمجھے ہیں نہ سمجھیں گے مِری بات
دے اور دِل اُن کو، جو نہ دے مجھ کو زباں اور
ہیں اور بھی دنیا میں سخنور بہت اچھے
کہتے ہیں کہ غالب کا ہے اندازِ بیاں اور

" غالب کی جستجوئے جمال " عنوان کے مضمون میں ندیم غالب کے تصورِ جمال کا تجزیہ کرتے ہوئے لکھتے ہیں:

" غالب جمال دوستی یا جستجوئے جمال میں مختلف اور بلند ہے کہ اس کا معیارِ جمال رسمی، روایتی اور محض سُنا سُنایا نہیں ہے پھر اسکا تصورِ حسن مجرد نہیں ہے بلکہ زندگی اور زمین کے ساتھ نہایت گہرائی سے متعلق ہے اور اپنا یہ معیار اُس نے باقاعدہ دریافت کیا ہے.... اپنے معیارِ جمال تک غالب محض جذبے اور واردات کے واسطے سے نہیں پہنچتا بلکہ اس میں اس کے شعور و دانش کو بھی دخل حاصل ہے۔ غالب کا معیارِ حُسن اِس مصرعے میں مجسّم ہو گیا ہے کہ:

تِرے خیال سے رُوح اہتزاز کرتی ہے "

یعنی غالب کے نزدیک حُسن وہ ہے جس کے تصور سے رُوح تک جھوم اُٹھے اور وجد

کرنے لگے۔ ندیم یہ بھی کہتے ہیں کہ میر تقی میر حُسن سے زیادہ عشق کا شاعر ہے اور اُردو غزل کا مثالی عاشق ہے۔ غالب تک پہنچتے پہنچتے اُردو شاعری افسوسناک حد تک رسمی ہو چکی تھی لیکن غالب کی عظمت کا ایک اور ثبوت ہے کہ اُس نے پِٹی ہوئی راہوں پر گامزن ہونے کی بجائے اس سلسلے میں اپنا الگ راستہ نکالا اور روایت کی اندھا دھند پیروی کی بجائے اپنے تجربے کے اظہار کو اہمیت دی۔ مثلاً کہا:

اسد، اُٹھنا قیامت قامتوں کا وقتِ آرائش
لباسِ نظم میں بالیدنِ مضمونِ عالی ہے

غالب کے ہم عصر مومن کا احساسِ جمال خاصا گہرا ہے لیکن بقول ندیم غالب کے معیارِ جمال تک مومن کی بھی رسائی نہیں۔

ندیم مختلف حوالوں سے تجزیہ کر کے بتاتے ہیں کہ غالب کی طلبِ وسعت ہی دراصل اُس کی جستجوئے جمال ہے کہ وہ کہتا ہے:

ہوں گرمئ نشاطِ تصور سے نغمہ سنج
میں عندلیبِ گلشنِ ناآفریدہ ہوں

بقول ندیم زندہ رہنے کی جستجو میں سمجھوتے غالب نے بھی کئے ہیں مگر غالب نے یہ کبھی تسلیم نہیں کیا کہ انسان کا ذہن یا کائنات محدود ہے۔ وہ جمود کے وجود سے انکار کرتا ہے۔ ہر چیز میں حرکت ہے اور ارتقاء ہے۔ یہی وجہ ہے کہ غالب ہمہ وقت وسعتوں کا جویا ہے۔

عرضِ سرشک پر ہے فضائے زمانہ تنگ
صحرا کہاں کہ دعوتِ دریا کرے کوئی

یہی طلبِ وسعت ہے جو ہزار محرومیوں اور لاکھ دُکھوں کے باوجود غالب کو ہتھیار

نہیں ڈالنے دیتی۔

چشمِ اُمید ہے روزن تِری دیواروں کا

ندیم یہ بھی بتاتے ہیں کہ غالب کا سا فنکار اگر جمال کے عظیم اور پھر عظیم تر معیاروں کی جستجو میں رہتا ہے تو دراصل وہ اپنے ماحول کی فصیلوں، اپنے معاشرے کی حد بندیوں اور اپنے عصر کی نارسائیوں کے خلاف بغاوت کر رہا ہوتا ہے۔

بقدرِ شوق نہیں ظرفِ تنگنائے غزل

کچھ اور چاہئیے وسعت مِرے بیاں کے لئے

غالب پر اپنے ایک نہایت اچھے اور پُر کشش مضمون بعنوان " غالب کی حسرتِ تعمیر " میں ندیم کہتے ہیں کہ آخر وہ کیا بات ہے کہ غالب اپنی حسرتِ تعمیر سے کہیں دست کش نہیں ہوتا۔ آشوبِ موت اور آشوبِ روزگار کے شدید درد و کرب کے عالم میں بھی تعمیرِ نو کی حسرت اُسے زندہ رکھتی ہے۔ وہ تو اِس حسرتِ تعمیر کو اپنا واحد اثاثہ قرار دیتا ہے:

ہوُا ہوں عشق کی غارت گری سے شرمندہ

سوائے حسرتِ تعمیر، گھر میں خاک نہیں

گھر میں تھا کیا کہ تِرا غم اُسے غارت کرتا

وہ جو ہم رکھتے تھے اِک حسرتِ تعمیر، سو ہے

اُس کے عہد میں تمدنی روایات کھنڈر ہو رہی تھیں لیکن غالب نے اپنے اندر حسرتِ تعمیر کو مرنے نہ دیا۔ اسکا ہر جذبہ، ہر تجربہ، ہر خیال اپنے عصر سے وابستہ رہا۔ اسکا عشق، اسکی وسیع المشربی سب ایک آفتاب یعنی خود غالب کی شعاعیں تھیں۔ غالب نے صرف اپنے کسی بھی دُکھ کے ماتم کے لئے اپنے فن کو وقف نہیں کیا تھا۔ وہ اتنا باشعور تھا کہ یہ تک کہنے کا حوصلہ رکھتا تھا:

ہوئی جن سے توقع خستگی کی داد پانے کی
وہ ہم سے بھی زیادہ کشتہء تیغِ ستم نکلے

بقول ندیم:

"اُردو غزل اس عالی حوصلگی، اس وسیع القلبی، اس حقیقت بیانی، دِل کے معاملات میں ذہن کی شمولیت کی عادی نہیں تھی۔ یہ غالب ہی کا اعجاز ہے کہ اُردو غزل کو بے چارگی، فدویت اور عاجزانہ سپردگی کے مرض سے خلاصی دِلائی اور زندگی کی ہمہ گیری کو عام کیا:

تیری وفا سے کیا ہو تلافی کہ دہر میں
تیرے سوا بھی ہم پہ بہت سے ستم ہوئے

یہ بالکل نئی آواز تھی جس نے اُردو غزل کی کلاسیکی روایات کے پرستاروں کو چونکایا۔"

ندیم غالب کی حسرتِ تعمیر کے مثبت اثرات کا جائزہ لیتے ہوئے کہتے ہیں کہ غالب کی یہی حسرتِ تعمیر ہے جو اُسے پہلو دار اور تہ دار شاعر بناتی ہے۔ یقیناً وہ ماتم بھی کرتا ہے:

دِل ہی تو ہے نہ سنگ و خِشت، درد سے بھر نہ آئے کیوں

اِس کے باوجود انسانی برادری سے وابستگی پر فخر کرتا ہے:

وہ زندہ ہم ہیں کہ ہیں روشناسِ خلق اے خضر!
نہ تم، کہ چور بنے عمرِ جاوداں کے لئے

ندیم کہتے ہیں کہ غالب ایک ایسا شاعر تھا جس کے ہاں دِل اور دماغ یا جذبہ اور ذہین یا خواب اور حقیقت کا ایک نہایت متوازن اور اس لئے نہایت خوبصورت امتزاج موجود ہے۔ غالب سے پہلے احساس و دانش کے اس متناسب امتزاج کی کوئی قبلِ ذکر مثال نہیں

تھی۔ اس کا ایک سبب غالب کا اندازِ شعر گوئی ہو سکتا ہے۔ اور غالب کے سوا یہ اسلوب کسے نصیب ہوا ہے۔ یہی ہے اعجازِ فن:

رونقِ ہستی ہے عشق خانہ ویراں ساز سے
انجمن بے شمع ہے، گر برق خرمن میں نہیں

ہنوز محرمیِ حُسن کو ترستا ہوں
کرے ہے ہر بنِ مُو کام چشمِ بینا کا

مجھے اب دیکھ کر ابرِ شفق آلودہ، یاد آیا
کہ فرقت میں تِری، آتش برستی تھی گلستاں پر

کِیا آئینہ خانے کا وہ نقشہ تیرے جلوے نے
کرے جو پرتوِ خورشید، عالم شبنمستاں کا

عاشقی صبر طلب اور تمنا بیتاب
دِل کا کیا رنگ کروں، خونِ جگر ہونے تک

سراپا رہنِ عشق و ناگزیرِ الفت ہستی
عبادت برق کی کرتا ہوں اور افسوس حاصل کا

ندیم کہتے ہیں کہ کچھ حضرات کی رائے کے مطابق عشق میں مجنوں ہو جانا لازمی ہے کہ بصورتِ دیگر انسان کے اس شدید جذبے کے ساتھ انصاف نہیں ہو سکتا۔ جبکہ غالب نہ صرف یہ کہ اپنی شخصیت کو کھنڈر بنانے پر تیار نہیں ہے بلکہ وہ تو اپنے ملبے میں تعمیرِ نو کے خواب دیکھتا ہے۔ ندیم واضح کرتے ہیں کہ عشق کا قدرتی اور بنیادی اور مقدس جذبہ انسان کی شخصیت کی تکمیل میں یقیناً کار گر ثابت ہوتا ہے۔ لیکن صرف اسی ایک جذبے کا ہو رہنا خطرناک فرار ہے۔ کیونکہ اسطرح شاعر قاری کے ذہن میں خستگی اور گداختگی تو

پیدا کر لے گا مگر بالیدگی اور ارتفاع پیدا نہ کر سکے گا۔ حالانکہ ان ہی سے شخصیت کی تہذیب ہوتی ہے۔

ندیم کے خیال میں عشق سے غالب کو تلخی اور کلبیت کی بجائے حسرتِ تعمیر ملی ہے یا اسرارِ کائنات کے سلسلے میں تحیّر۔ مگر یہ منفعل قسم کا تحیّر نہیں ہے۔ یہی تحیّر تو اس کے ہاں تفتیش و انکشاف کی بنیاد ثابت ہوتا ہے۔ آپ کہیں گے یہ تو منطق ہے اور بات تو شاعری کی ہو رہی ہے۔ مگر شاعری کی بھی ایک منطق ہوتی ہے۔ یہی منطق خرمن و برق اور انجمن و شمع میں رشتے تلاش کرتی ہے۔ یہی حُسن سے شناسائی کی خاطر ہر بنِ مُو سے چشمِ بینا کا کام لینے پر مجبور کرتی ہے۔ یہی شاعرانہ منطق، یہی دِل و دماغ کی یک جائی وہ عظیم شاعری پیدا کرتی ہے جس کی ایک بڑی مثال غالب کی شاعری ہے۔

اپنے اِس مضمون کے آخر میں ندیم لکھتے ہیں کہ اپنی نہایت پیاری قدروں اور روایتوں کی کُچلی میتوں پر غالب بھی سینہ زن رہا کہ یہ انسانی فطرت کا تقاضا تھا مگر انسانی فطرت کا تقاضا یہ بھی ہے کہ وہ گرتا ہے تو اُٹھ بھی کھڑا ہوتا ہے۔ شکست پر ماتم ضرور کرتا ہے پر شکست کو تسلیم کبھی نہیں کیا۔ غالب نے آشوب کی انتہا میں بھی حسرتِ تعمیر سے دست کشی اختیار نہ کی اور نغمہ زن رہا کہ:

مژدہء صبحِ دریں، تیرہ شبانم دادند
شمع کُشتند وز خورشید نشانم دادند

ندیم نہایت اعتماد سے اِس یقین کا اظہار کرتے ہیں: "یہ غالب کا رنگِ سُخن ہے جس نے اُردو شاعری کو اُس معراج تک پہنچایا جس پر وہ آج نظر آرہی ہے اور جسے ابھی اس سے بھی آگے جانا ہے۔ یہ بات میں نے خود اعتمادی کے ساتھ اس لئے کہی کہ جس شاعری کے ایوان کی بنیاد غالب کے شعر و فن نے فراہم کی ہو، اُسکی بلندی کا کوئی ٹھکانا ہی

نہیں اور حسرتِ تعمیر کے معاملے میں استقامت آخر کار تعمیر ہی کی صورت میں جلوہ گر ہو کر رہتی ہے۔"

ادائے خاص سے غالب ہوا ہے نکتہ سرا
صلائے عام ہے یارانِ نکتہ داں کے لئے
توفیق باندازہء ہمت ہے ازل سے
آنکھوں میں ہے وہ قطرہ کہ گوہر نہ ہوا تھا
گو میں رہا رہینِ ستم ہائے روزگار
لیکن تیرے خیال سے غافل نہیں رہا

یہ تھا احمد ندیم قاسمی کے اُن مضامین کا ایک مختصر جائزہ جو اُنہوں نے غالب کے فکر و فن پر تحریر کئے اور جن سے خود ندیم فہمی کے بھی کئی حسین رُخ روشن ہوتے جاتے ہیں۔

حواشی:

(۱) احمد ندیم قاسمی دیباچہ: میرا نظریہء فن۔ "جلال و جمال"

(۲) احمد ندیم قاسمی یہ مضامین۔ "پسِ الفاظ"۔ اساطیر، لاہور بارِ اوّل۔ ص ۱۰

(۳) ایضاً

(۴) ڈاکٹر شکیل الرحمن "احمد ندیم قاسمی اور غالب"۔ سہ ماہی "صحیفہ" لاہور۔ ندیم نمبر۔ مارچ ۲۰۱۰ء۔ ص ۱۷

(۵) مضامین سے اِقتباسات، احمد ندیم قاسمی کے مجموعہ مضامین "پسِ الفاظ"۔ اساطیر لاہور۔ بارِ اوّل سے لئے گئے ہیں۔

***

گوپی چند نارنگ اور غالب شناسی

پروفیسر مرزا خلیل احمد بیگ

پروفیسر گوپی چند نارنگ کی نئی خیال افروز کتاب 'غالب : معنی آفرینی، جدلیاتی وضع، شونیتا اور شعریات' جب چھپ کر آئی تو اہلِ فکر و نظر حیرت زدہ رہ گئے۔ حیرت کی بات یہ نہ تھی کہ غالب پر ایک اور کتاب کا اضافہ ہوا ہے، کیوں کہ غالب پر وقفے وقفے سے اچھی بری کتابیں تو شائع ہوتی ہی رہتی ہیں۔ جس چیز نے لوگوں کو ورطۂ حیرت میں ڈال دیا وہ یہ ہے کہ اس کتاب میں نارنگ صاحب نے کلامِ غالب کے بعض ایسے گوشوں کو منور کیا ہے جن کی جانب گذشتہ ڈیڑھ سو سال کے دوران میں کسی بڑے سے بڑے نقاد کی بھی توجہ مبذول نہیں ہوئی تھی۔ حالی تا حال اردو کے کسی ادیب و دانش وریا نقاد نے یہ نہیں سوچا تھا کہ کلامِ غالب کا مطالعہ قدیم ہندوستانی افکار و تصورات کے حوالے سے بھی کیا جا سکتا ہے۔ نارنگ صاحب کی غالب تنقید اردو کے دوسرے نقادوں کی غالب پر تنقید سے اس لحاظ سے مختلف ہے کہ اِس میں ان قدیم سر چشموں سے استفادہ کیا گیا ہے جن کا تعلق ویدانتی فلسفے سے ہے اور جو بودھی فکر کا احاطہ کرتے ہیں۔ غالب کے لاشعور میں ان افکار و تصورات کا وجود یقیناً ایک چونکا دینے والی بات ہے، اور اس سے بھی زیادہ حیران کن بات ان افکار و تصورات کی روشنی میں غالب کے متن کی نئی تعبیر و تشریح ہے۔

پروفیسر گوپی چند نارنگ کا زرخیز ذہن ادب و تنقید سے متعلق ہمیشہ نئی نئی باتیں

سوچتا رہا ہے، چنانچہ غالب کے سلسلے میں بھی انھوں نے نئے مطالعے اور نئی تعبیر کی ضرورت کو محسوس کیا۔ یوں بھی ان کا یہ عقیدہ رہا ہے کہ غالب کے کلام کی تعبیریں عہد بہ عہد بدلتی رہی ہیں۔ حالی ہوں کہ عبدالرحمن بجنوری یا شیخ محمد اکرام، ان سب نے غالب کو اپنے اپنے طور پر پڑھا اور پرکھا ہے۔ اسی طرح کلاسیکی، رومانی اور ترقی پسند ادبی نقادوں، نیز جدیدیت کے علم برداروں نے بھی غالب کی اپنی اپنی تعبیریں وضع کیں۔ نارنگ صاحب کا یہ بھی خیال ہے کہ جدلیاتی فکر عہدِ حاضر کے مابعدِ جدید مزاج کو راس آتی ہے۔ غالب کے جدلیاتی ڈسکورس کے بارے میں وہ یہ کہتے ہیں کہ یہ مابعدِ جدید ذہن سے خاص نسبت رکھتا ہے۔ غالب کی فکر اور مابعد جدید مزاج میں مماثلت کے بارے میں ان کا یہ کہنا ہے کہ غالب کی مجتہدانہ فکر ہر نوع کی کلیت پسندی، جبر، ادعائیت اور مقتدروں کے خلاف ہے، چنانچہ مابعدِ جدید مزاج بھی مقتدروں، آمریت اور ادعائیت کے خلاف ہے۔ غالب کے بارے میں نارنگ صاحب کا یہ بھی خیال ہے کہ وہ نہ صرف مغل جمالیات میں "رچے بسے" ہیں، بلکہ اس ملک کے فلسفیانہ تہذیبی وجدان کی جیسی نمائندگی وہ کرتے ہیں اس کی دوسری نظیر نہیں ملتی۔ غالب کی شعریات کے متعلق نارنگ صاحب کا خیال ہے کہ یہ انحراف، آزادی اور اجتہاد کی شعریات ہے، نیز ان کی شاعری میں "نشاطِ زندگی" قدرِ اوّل کا درجہ رکھتی ہے۔

اس میں کوئی شک نہیں کہ گوپی چند نارنگ کی متذکرہ کتاب کلامِ غالب کے نئے مطالعے، نئی تعبیر اور باریک بیں قرأت کی وجہ سے غالب شناسی میں ایک سنگِ میل کا درجہ رکھتی ہے۔ یہی وجہ ہے کہ یہ کتاب اہلِ علم و نظر کی خصوصی توجہ کا سبب بنی۔ اس کتاب کے بارے میں نقادوں اور ادبی تجزیہ نگاروں نے کھل کر اپنی رائے کا اظہار کیا۔ متعدد ادبی رسائل کے مدیروں نے اداریے لکھے اور تبصرے شائع کیے۔ پرنٹ اور

الکٹرانک میڈیا میں اس پر گفتگو ہوئی نیز ادبی انجمنوں اور اداروں میں مذاکرے منعقد ہوئے، اور ادب کے عام قاری نے بھی نارنگ صاحب کی اس کاوش کو سراہا اور انھیں داد دی۔ ڈاکٹر دانش الہٰ آبادی جو اردو زبان و ادب کے شیدائی ہیں اور ادبی صحافت میں ایک ممتاز درجہ رکھتے ہیں لائقِ مبارک باد ہیں کہ انھوں نے اپنی ادارت میں شائع ہونے والے رسالے ماہنامہ 'سبقِ اردو' کا ضخیم خصوصی شمارہ "گوپی چند نارنگ اور غالب شناسی" کے نام سے شائع کیا جس میں انھوں نے ان تمام تحریروں کو یکجا کر دیا ہے جو پروفیسر گوپی چند نارنگ کی متذکرہ فکر انگیز کتاب کے حوالے سے معرضِ وجود میں آئی ہیں اور جن میں ان کی غالب شناسی پر اظہارِ خیال کیا گیا ہے۔ یہ خصوصی شمارہ اسی نام سے ۲۰۱۴ء میں کتابی شکل میں شائع ہوا جس کے مرتب بھی دانش الہٰ آبادی ہی ہیں۔

زیرِ نظر کتاب موسوم بہ 'گوپی چند نارنگ اور غالب شناسی' ۶۱۵ صفحات پر مشتمل ہے۔ یہ نہایت سلیقے اور کمالِ فن کے ساتھ شائع کی گئی ہے۔ اس کی کمپوزنگ اور طباعت نہایت عمدہ اور معیاری ہے۔ کتاب کے متعدد اندرونی صفحات کی طباعت دبیز قسم کے گلیز پیپر پر کئی خوبصورت رنگوں میں کی گئی ہے جس سے اس کی صوری دلکشی اور دیدہ زیبی میں چار چاند لگ گئے ہیں۔ یہ کتاب رنگین تصاویر سے بھی مزین ہے جن میں نارنگ صاحب کے علاوہ بعض سربرآوردہ شخصیات کو بھی دیکھا جا سکتا ہے۔ بلاشبہ اس کتاب کی طباعت و پیش کش نے اردو میں پبلشنگ کا ایک نیا معیار قائم کیا ہے۔

یہ کتاب نہ صرف صوری اعتبار سے دامنِ دل کو اپنی جانب کھینچتی ہے، بلکہ معنوی اعتبار سے بھی اس کی قدر و قیمت کچھ کم نہیں۔ اس میں ۴۰ سے زائد اہلِ قلم کی نگارشات شامل ہیں جن میں نارنگ صاحب کی غالب شناسی کے مختلف گوشوں اور جہتوں کا احاطہ کیا گیا ہے اور غالب کی نئی تعبیر کے لیے انھیں جی بھر کر داد و تحسین سے نوازا گیا ہے کہ وہ

بجا طور پر اس کے مستحق ہیں۔

زیرِ نظر کتاب کے پہلے حصے میں پروفیسر گوپی چند نارنگ کی فکر انگیز تصنیف 'غالب : معنی آفرینی، جدلیاتی وضع، شونیتا اور شعریات' کے بارے میں ہندو پاک کے معروف اہلِ قلم کی آراء شامل کی گئی ہیں جو میڈیا کے توسط سے منظرِ عام پر آئی ہیں۔ نارنگ صاحب کی یہ کتاب ساہتیہ اکادمی (نئی دہلی) کے علاوہ سنگ میل پبلی کیشنز، لاہور سے بھی شائع ہوئی ہے جس کا دیباچہ انتظار حسین نے لکھا ہے جس میں وہ فرماتے ہیں، "ڈاکٹر گوپی چند نارنگ غالب پر غور و فکر کرتے کرتے ایسی راہ کی طرف نکل گئے جس کی طرف شاید ہی کسی ماہرِ غالبیات کا دھیان گیا ہو۔" افتخار عارف نے جشنِ غالب (ٹورنٹو) کے موقع پر فرمایا، "یادگارِ غالب سے لے کر آج تک مطالعاتِ غالب پر اگر پانچ خاص کتابیں منتخب کی جائیں تو ان میں نارنگ کی کتاب سے صرفِ نظر کرنا ممکن نہیں ہو گا۔" ساقی فاروقی نے لندن سے فون پر نارنگ صاحب سے اپنے مخصوص انداز میں کہا، "کیا دھانسو کتاب لکھ دی ہے تم نے میری جان۔ خدا تمھیں خوش رکھے... واہ!" بیگ احساس نے ماہنامہ 'سب رس' (حیدرآباد) کے اداریے میں لکھا، "اس کتاب نے غالب شناسوں پر سکتہ طاری کر دیا ہے۔" انور سِن رائے نے بی بی سی اردو کے حوالے سے کہا، "کتاب سے دل و دماغ روشن ہو گیا۔" علاوہ ازیں رؤف پاریکھ نے روزنامہ 'ڈان' (کراچی) میں، شافع قدوائی نے روزنامہ 'دی ہندو' (نئی دہلی) میں، اور عارف وقار نے 'دی نیوز' (لاہور) میں اپنے اپنے خیالات کا اظہار کیا۔

اِس کتاب کا دوسرا حصہ 'مضامین' پر مشتمل ہے جس میں چھے مضامین شامل کیے گئے ہیں۔ معزز مضمون نگاروں کے نام ہیں، فرحت احساس، ناصر عباس نیر، علی احمد فاطمی، شافع قدوائی، ف۔ س۔ اعجاز، اور حقانی القاسمی۔ اس حصے کے تمام مضامین نہایت

سیر حاصل ہیں اور دقتِ نظر کے ساتھ لکھے گئے ہیں۔ ان کے مطالعے سے نارنگ صاحب کی غالب شناسی کی گرہیں جستہ جستہ کھلتی چلی جاتی ہیں۔ فرحت احساس نے اپنے مضمون میں غالب پر نارنگ صاحب کی متذکرہ کتاب کو "غالب کی قفلِ ابجد کی طلسماتی کلید" سے تعبیر کیا ہے اور "تنقید کا تخلیقی حرفِ اجتہاد" کہا ہے۔ ناصر عباس نیر کا مضمون تاثراتی نوعیت کا ہے جس میں انھوں نے نارنگ صاحب کی غالب پر اس کتاب کی اشاعت کو غالبیات کی تاریخ کا ایک "واقعہ" کہا ہے۔ اسے ایک "اہم واقعہ" سے بھی تعبیر کیا جا سکتا ہے۔ ناصر عباس کا یہ کہنا بالکل بجا ہے کہ نارنگ صاحب کی "یہ کتاب غالب پر لکھی گئی دوسری کتابوں سے نہ صرف الگ بلکہ غالب کی معنویت اور شعریات کے یکسر نئے سیاق کو سامنے لاتی ہے۔" علی احمد فاطمی نے اپنے مضمون "ورائے شاعری چیزے دگر است" میں گوپی چند نارنگ کی غالب شناسی کی مختلف جہات کا بڑی خوبی کے ساتھ تنقیدی جائزہ پیش کیا ہے، اور ان کے اس کام کو ایک "بڑا کام" قرار دیا ہے جس کی وجہ سے بہ قولِ فاطمی ان کا شمار معتبر غالب شناسوں میں ہو گا۔ شافع قدوائی نے اپنے مضمون میں نارنگ صاحب کی غالب تنقید کو نئے علمیاتی اور شعریاتی تناظر میں دیکھنے کی کوشش کی ہے، اور غالب پر ان کی متذکرہ کتاب کو انھوں نے اس سلسلے کی ایک "غیر معمولی" کتاب قرار دیا ہے۔ ف۔ س۔ اعجاز کا مضمون "غالب پر نارنگ کی تنقید: شوق کا دفتر کھلا" اس لیے اہمیت کا حامل ہے کہ انھوں نے نارنگ صاحب کی غالب تنقید کے ایک ایک نکتے کو عام فہم انداز میں نہایت ٹھہر ٹھہر کر بیان کیا ہے جس سے ایک عام قاری بھی غالب کی فکری جہات کو بہ خوبی سمجھ سکتا ہے۔ اعجاز صاحب نے سب سے پہلے غالب کی معنی آفرینی سے بحث کی ہے، پھر غالب کی جدلیات کی وضاحت کی ہے، پھر شونیتا (شونیہ تا) کے تصور پر روشنی ڈالی ہے، اور آخر میں غالب کی شعریات سے سادہ زبان میں بحث کرتے ہوئے

اپنا مضمون ختم کر دیا ہے۔ بہ حیثیتِ مجموعی یہ مضمون ایک ایسی تنقید کا نمونہ ہے جس سے 'ذہنی کشمکش' میں مبتلا ہوئے بغیر ہر اردو داں طبقہ مستفید ہو سکتا ہے۔ 'مضامین' کے سلسلے کی آخری تحریر حقانی القاسمی کی "درِ گنجینۂ گوہر" ہے۔ یہ ان کے طویل مضمون کا ایک حصہ ہے جس کی ابتدا تنقیدی نوعیت کے چند سوالات سے ہوتی ہے جو انھوں نے گوپی چند نارنگ کی متذکرہ کتاب کو پڑھنے کے بعد قائم کیے ہیں۔ یہ سوالات تنقیدی اعتبار سے بے حد اہم ہیں جن کے جوابات کے لیے ایک دفتر درکار ہے، لیکن مضمون کے دوسرے ہی پیراگراف میں انھوں نے نارنگ صاحب کی اس کتاب کے "امتیازات" کا ذکر کیا ہے اور چند خوبیاں بھی گنائی ہیں جن کی تفصیل کا یہاں موقع نہیں۔

زیرِ نظر کتاب موسوم بہ 'گوپی چند نارنگ اور غالب شناسی' میں ایک 'خصوصی مقالہ' بھی شامل ہے جس کے مصنف نظام صدیقی ہیں۔ نظام صاحب اپنی بسیار نویسی کے لیے اردو دنیا میں کافی مشہور ہیں، چنانچہ یہ مقالہ بھی ان کی بسیار نویسی پر دال ہے۔ یہ مقالہ اپنے حجم کے لحاظ سے سوا دو سو صفحات پر مشتمل ہے۔ بہتر ہوتا کہ اسے علاحدہ طور پر کتابی صورت میں شائع کر دیا جاتا۔ اس بھاری بھر کم مقالے کا عنوان ہے، "غالب کی تخلیقیت اور تاریخ ساز نئی بازیافت۔" وقت کی کمی کے باعث مَیں یہ گراں قدر (اور گراں بار) مقالہ از اوّل تا آخر نہ پڑھ سکا، تاہم جہاں جہاں میری نظر پہنچی ہے اس کی بنیاد پر مَیں یہ کہہ سکتا ہوں کہ یہ غالب کی تخلیقیت کا نہایت عمیق مطالعہ ہے۔ نظام صدیقی صاحب نے پروفیسر نارنگ کی غالب شناسی کو "تاریخ ساز نئی بازیافت" سے تعبیر کیا ہے اور ان کی متذکرہ کتاب کو "عظیم ترین تنقیدی صحیفہ" کہا ہے۔

نظام صدیقی کے اس خصوصی مقالے کے علاوہ چار دیگر 'مقالات' بھی اس کتاب میں شامل کیے گئے ہیں جن میں گوپی چند نارنگ کی غالب تنقید کے مختلف پہلوؤں پر روشنی

ڈالی گئی ہے۔ اس میں سب سے اہم مقالہ سیدہ جعفر کا موسوم بہ "گوپی چند نارنگ کی معرکتہ الآرا تصنیف غالب" ہے۔ دوسرا مقالہ مولا بخش کا ہے جس کا عنوان ہے "غالب تنقید میں تحیر کی جہات اور گوپی چند نارنگ"۔ تیسرا مقالہ مشتاق صدف کا "الہامی تخلیق کی خیال افروز تفہیم" کے عنوان سے شاملِ کتاب ہے جس میں غالب کی تنقیدی بصیرت پر منفرد انداز سے اظہارِ خیال کیا گیا ہے۔ چوتھے مقالے کا عنوان "غالب- نارنگ کا شاہکار" ہے اور یہ راشد انور راشد کی فکری کاوش ہے جس میں انھوں نے نئے زاویوں سے غالب کو پرکھنے کی نارنگ کی کوششوں کو سراہا ہے۔

'گوپی چند نارنگ اور غالب شناسی' میں مضامین کا ایک اور سلسلہ بھی ہے جسے 'حاصلِ مطالعہ' کا نام دیا گیا ہے۔ اس شِق کے تحت پانچ مضامین شامل کیے گئے ہیں جن کے نام یہ ہیں:

۱-"گوپی چند نارنگ: ایک عہد ساز دانش ور" / اصغر ندیم سید۔

۲- "فاروقی صاحب کی تنقیدی تخفیف : حافظے کی مراجعت کا المیہ" / فرحت احساس۔

۳-"ساختیاتی و پس ساختیاتی فکریات اور گوپی چند نارنگ" / مرزا خلیل احمد بیگ۔

۴-"متن، قرأت اور معانی کا چراغاں -نارنگ تھیوری" / قدوس جاوید۔

۵-"مابعد جدیدیت کی مشرقی اساس" / حقانی القاسمی۔

ہر چند کہ یہ مضامین راست پروفیسر گوپی چند نارنگ کی غالب تنقید یا ان کی غالب شناسی سے علاقہ نہیں رکھتے، تاہم ان کا (بہ استثنائے "فاروقی صاحب کی تنقیدی تخفیف") محور نارنگ ہی ہیں۔ حقانی القاسمی نے اپنے متذکرہ مضمون میں نارنگ صاحب کی مابعد جدیدیت سے بحث کی ہے اور اس کی مشرقی اساس پر زور دیا ہے۔ قدوس جاوید

نے اپنے مضمون میں نارنگ صاحب کے حوالے سے متن، قرأت اور معانی کی تھیوری کی بحث اٹھائی ہے اور مغربی مفکرین کے حوالے بھی پیش کیے ہیں۔ اصغر ندیم سید کا مضمون عمومی نوعیت کا ہے جس میں انھوں نے نارنگ صاحب کی علمی فتوحات کا ذکر کیا ہے اور ان کے ذہنی سفر کی روداد بیان کی ہے۔ اصغر کی نظر میں نارنگ ایک "عہد ساز دانش در" ہیں۔ 'حاصلِ مطالعہ' کے تحت مرزا خلیل احمد بیگ کا مضمون "ساختیاتی و پس ساختیاتی فکریات اور گوپی چند نارنگ" بھی شاملِ کتاب ہے جو اپنی موجودہ صورت میں ماہنامہ 'سبقِ اردو' (بھدوہی) کی مئی، جون ۲۰۱۳ء کی اشاعت میں شائع ہوا تھا۔ اس مضمون میں نارنگ صاحب کی لسانیات سے اولین وابستگی اور اس کے توسط سے ساختیات و پس ساختیات تک ان کی رسائی اور نظریہ سازی کا بالتفصیل ذکر کیا گیا ہے۔

زیرِ نظر کتاب کی ایک شِق 'تذکرہ و تبصرہ' بھی ہے جس کے تحت شامل کیے گئے قابلِ ذکر مضامین یہ ہیں: ۱) "غالب اور گوپی چند نارنگ" (سیفی سرونجی)، ۲) "گوپی چند نارنگ کا ایک منفرد کارنامہ" (متین ندوی)، ۳) "گوپی چند نارنگ کی غالب شناسی" (وسیم بیگم)، ۴) "غالب پر دستاویزی کتاب" (سید تنویر حسین)، اور ۵) "غالب پر ایک عہد ساز تصنیف" (انوار الحق)۔

'گوپی چند نارنگ اور غالب شناسی' میں مرتب نے ایک فکاہیہ بھی شامل کیا ہے جس کے خالق ممتاز فکاہیہ نگار نصرت ظہیر ہیں، اور اس کا عنوان ہے "غالب، نارنگ اور ہم" اور اس کا ذیلی عنوان ہے "پڑھنا کتاب کا اور اچانک ٹپکنا لہو کا آنکھ سے"۔ لیکن جب آپ یہ فکاہیہ پڑھیں گے تو ہنستے ہنستے لوٹ پوٹ ہو جائیں گے۔ بہت اچھا ہوا کہ دانش الہٰ آبادی نے اپنی اِس مرتبہ کتاب میں ایک فکاہیہ بھی شامل کر دیا، تاکہ قارئین خشک مضامین پڑھتے پڑھتے جب 'بور' ہو جائیں تو تھوڑی دیر کے لیے (یہ فکاہیہ پڑھ کر) ہنس

لیں، بلکہ مَیں تو ادب کے سنجیدہ قاری سے یہی گزارش کروں گا کہ جب وہ اس کتاب کو پڑھنے بیٹھیں تو بسم اللہ اسی فکاہیے سے کریں، پھر تازہ دم ہو کر دوسرے مضامین کو ہاتھ لگائیں۔ نصرت ظہیر کا کمال یہ ہے کہ انھوں نے محض دس گیارہ صفحات میں غالب کی معنی آفرینی اور نارنگ کی باریک بینی کے بارے میں اپنی گل افشانیِ گفتار سے بعض ایسی باتیں کہہ دیں جو سیکڑوں صفحات پر پھیلے ہوئے لق و دق مضمون میں ڈھونڈنے سے بھی نہیں ملیں گی۔

اِس کتاب کی ایک خوبی یہ بھی ہے کہ اس میں نارنگ صاحب کا وہ اہم انٹرویو بھی شامل کر لیا گیا ہے جو رخشندہ جلیل نے انگریزی میں ریکارڈ کیا تھا اور جو "Ghalib was the Greatest of Indian Minds" کے عنوان سے شائع ہوا تھا۔ علاوہ ازیں نارنگ صاحب کے حوالے سے انگریزی میں تحریر شدہ بعض دیگر مضامین کو بھی اس کتاب کی زینت بنایا گیا ہے جن کا ذکر ذیل میں کیا جاتا ہے:

۱- محمد اسیم بٹ / "Two Faces of a Tradition" ('دی نیوز'، لاہور)۔

۲- بدھادتیہ بھٹاچاریہ / "Reclaiming the Ghazal's Space" ('دی ہندو'، نئی دہلی)۔

۳-شافع قدوائی / "Grammar Precedes Text" ('دی ہندو'، نئی دہلی)۔

۴- ہری ہر سروپ / "India's Ambassador for Urdu" ('دی ٹری بیون'، چنڈی گڑھ)۔

۵- انوج کمار / "Rare Pakistan Honour for Gopi Chand Narang"

('دی ہندو'، نئی دہلی)۔

۶-رخشندہ جلیل / "Ghalib : New Dimentions"

زیرِ نظر کتاب کے سب سے آخر میں (ص ۶۱۴-۱۵)، اردو کے بزرگ ادیب ستیہ پال آنند کی ایک مختصر سی تحریر موسوم بہ "فکر فی نفسہٖ" بھی شامل ہے جس میں انھوں نے الفاظ تو کم استعمال کیے ہیں، لیکن نارنگ صاحب کے علمی کاموں کی ستائش میں کوئی کمی باقی نہیں چھوڑی ہے۔ انھوں نے بجا طور پر اس امر کا اعتراف کیا ہے کہ "تقسیمِ ہند کے بعد اگر کسی محبِ اردو نے اردو کی سب سے زیادہ بے لوث خدمت کی ہے تو وہ نارنگ ہیں۔" ان کا یہ قول بھی سچائی پر مبنی ہے کہ گوپی چند نارنگ "لکھنے میں یدِ طولیٰ تو رکھتے ہی ہیں، لیکن تقریر میں بھی برِ صغیر ہند و پاک میں آج ان کا کوئی ثانی نہیں۔"

گراں قدر کتاب 'گوپی چند نارنگ اور غالب شناسی' میں 'منظومات' کا بھی ایک گوشہ قائم کیا گیا ہے جس میں چھے شعرا (نذیر فتح پوری، ذوالفقار کاظمی، بلراج بخشی، ابوالحسن نغمی، سید حسن، اور دل افگار مصطفی علی اثیر) کی شعری تخلیقات کو جگہ دی گئی ہے۔ ان تخلیقات کا انداز تہنیتی اور تحسینی ہے۔ دو نظمیں 'نذر' کے طور پر لکھی گئی ہیں۔ ابوالحسن نغمی (نیویارک) کی "نذرِ نارنگ" کے یہ دو شعر ملاحظہ ہوں:

عاجز و پنبہ دہاں، حیران و ششدر، دم بخود
ان کا علم و فضل ایسا ہے کہ مَیں تو دنگ ہوں
خوبیاں ان کی ہیں رنگا رنگ بے حد بے شمار
انکسار ایسا کہ فرماتے ہیں 'میں نارنگ ہوں'

آخر میں اس کتاب کے اداریے کا ذکر بھی ضروری ہے۔ دانش الٰہ آبادی نے مرتب کی حیثیت سے جو اداریہ قلم بند کیا ہے اس میں انھوں نے سمندر کو کوزے میں بند کرتے ہوئے وہ سب کچھ بیان کر دیا ہے جس کی تفصیل اس کتاب کے اندرونی صفحات

میں موجود ہے۔ یہ بات تو سبھی کہتے ہیں کہ حالی کی 'یادگارِ غالب' کے بعد گوپی چند نارنگ کی 'غالب : معنی آفرینی، جدلیاتی وضع، شونیتا اور شعریات' غالب پر دوسری بڑی کتاب ہے، لیکن غالب پر اس "جیسی کوئی دوسری کتاب آنے میں صدیاں گذر سکتی ہیں"، یہ بات صرف دانش الہٰ آبادی نے کہی ہے۔ گراں قدر کتاب 'گوپی چند نارنگ اور غالب شناسی' کی ترتیب و اشاعت پر ہم ان کی خدمت میں خلوصِ دل سے ہدیۂ تبریک پیش کرتے ہیں!

***

"پاکستان میں غالب شناسی" اور ڈاکٹر شکیل پتافی

سلیم سرمد

اسے خالقِ کائنات کا معجزہ ہی کہا جا سکتا ہے کہ دنیا میں کچھ شخصیات ایسی پیدا ہوتی ہیں، جن کا نام لیتے ہوئے کسی تفسیر یا جامع تعارف کی ضرورت وقت کا قطعاً تقاضا نہیں ہوتی۔ ایسی شخصیات ہر دور میں آپ اپنا مکمل تعارف اور معتبر حوالہ ہوتی ہیں۔ آج میں جس موضوع پر اپنے قلم کو تقویت دینے کی کوشش کر رہا ہوں وہ ہے ڈاکٹر شکیل پتافی کا پی۔ ایچ۔ ڈی کا مقالہ "پاکستان میں غالب شناسی"۔

بات اگر صرف حضرت غالبؔ کی کی جائے جن کی شخصیت و فن پر سینکڑوں کی تعداد میں تذکرے، مضامین، منظوم و منثور تراجم، دواوین اور شرحیں کی صورت میں ان گنت کتابیں لکھی جا چکی ہیں، اور سلسلہ ہنوز جاری ہے۔ لہٰذا میرا غالبؔ کی شخصیت و فن پہ اپنے قلم کو جنبش دینا سوائے مقصدِ تدریس اور کچھ نہیں، ڈاکٹر شکیل پتافی اور ان کی اس تحقیق پر تبصرہ کرنا سورج کو چراغ دکھانے کے مترادف ہے۔

مگر کیا کروں میرا ذوقِ تجسس مجھے لکھنے پر مجبور کرتا اور اکساتا رہتا ہے۔ کیونکہ میں اپنے اس تجسس اور کریدنے کے عمل میں بہت سے نئے مشاہدات میں سے گزرتا ہوں جو میرے ادبی سفر کے لیے بہت حد تک سود مند ثابت ہوتے ہیں۔

گو کہ آج تخلیق ہونے والے ادب اور شاعری میں جدید میتھڈ اپنایا جا رہا ہے مگر جو

تخلیقی رنگ قدماء باندھ گئے اسے بے نظیر کہنا بے جانہ ہو گا۔ ان متقدمین نے آفاقی ادب تخلیق کر کے ہمیں بیش بہا خزانے سے نوازا ہے۔ مزید برآں مؤرّخین اور محقّقین حضرات کی تحقیق اور کدّ و کاوش کی بدولت ان کی زندگی اور شخصیت و فن کے کئی اہم پہلو اور حقائق منظرِ عام پر آتے ہیں، مگر یہاں پر ایک شرط عائد ہوتی ہے وہ ہے محققین اور مؤرخین کا حقائق پسند اور غیر جانبدار ہونا۔ اور الحمد اللہ محترم جناب ڈاکٹر شکیل پتافی نے جس طرح تحقیق کے اس فریضے کو محنت، لگن اور ایمانداری سے سرانجام دیا ہے یقیناً لائقِ صد تحسین ہے۔ نیز ان کی یہ عظیم کاوش آنے والی نسلوں کے لیے مشعلِ راہ اور ادب کا گراں قدر سرمایا ہے، اور جب تک غالبیات پہ کام ہوتا رہے گا ڈاکٹر صاحب کا نام زندہ و جاوید رہے گا۔

اس سے قبل ڈاکٹر شکیل پتافی ہمارے قومی اور علاقائی ادب کو بیش بہا خزانہ شعری تخلیقات اور تحقیقات کی کی صورت میں عطا کر چکے ہیں لیکن ان کا یہ تحقیقی مقالہ "پاکستان میں غالب شناسی" سب سے بڑا اور منفرد و معتبر کارنامہ ہے۔ مجھ ایسے طفلِ مکتب نے غالبیات کے حوالے سے اتنا جاندار لٹریچر پہلے کبھی نہیں دیکھا تھا۔ خوبصورت مجلد کتابی شکل اور ۸۴۰ صفحات کی طویل ضخامت پر مبنی یہ مقالہ مندرجہ ذیل ۶(چھ) ابواب پر مشتمل ہے۔

۱۔ اردو میں غالب شناسی کی روایت۔۔۔۔۔۔۔۔۱۹۴۷ء تک

۲۔ ترتیب و تدوین

۳۔ تحقیق و تنقید

۴۔ ترجمہ و تشریح

۵۔ متفرقات

۶۔ پاکستان میں غالب شناسی کا مستقبل

جیسا کہ میں اوپر گزارش کر چکا ہوں کہ ڈاکٹر صاحب کی یہ ریسرچ طویل ضخامت پر مبنی ہے لہٰذا ہم یہاں پر صرف باب اوّل کے اجزاء و مضامین یعنی "غالب شناسی کی روایت" اور" غالب شکنی کی روایت "کے مباحث پر چیدا چیدا روشنی ڈالنے کی کوشش کریں گے یا مکمل باب کا مجموعی طور پر مختصر مشاہداتی جائزہ پیش کرتے ہوئے اقتسابات اور حوالہ جات درج کریں گے۔

باب اول: اردو میں غالب شناسی کی روایت۔۔۔۔۔۔۱۹۴۷ء تک

یہ باب مندرجہ ذیل تحقیقی مباحث اور مضامین پر مشتمل ہے

(الف) غالب شناسی کی روایت

(ب) غالب شکنی کی روایت

حوالہ جات و حواشی

(الف) غالب شناسی کی روایت:

بابِ اول میں ڈاکٹر شکیل پتافی صاحب کی ریسرچ کی بدولت جہاں تذکرہ نگاری کی روایت سے آشنا ہوئے، وہیں اس تذکرہ نگاری کی بدولت غالب شناسی کے ابتدائی عہد کا اندازہ بھی ہو جاتا ہے۔

بقول ڈاکٹر شکیل پتافی، ایک روایت کے مطابق میرؔ نے غالبؔ کا کلام سن کر کہا تھا:

"اگر اس لڑکے کو کوئی کامل استاد مل گیا اور اس نے اس کو سیدھے رستے پر ڈال دیا تو لاجواب شاعر بن جائے گا ورنہ مہمل بکنے لگے گا"(۱)

"میرؔ کے اس بیان سے غالب شناسی کا آغاز ہو جاتا ہے۔ غالب اس وقت بارہ تیرہ سال کے تھے جب میرؔ نے ان کے بارے میں یہ رائے اختیار کی تھی۔ غالبؔ ۱۲۱۲ھ میں

پیدا ہوئے اور میرؔ کا سال وفات ۱۲۲۵ھ ہے۔رہا یہ سوال کہ اس کم عمری میں غالب اتنت اچھے شعر کیسے کہنے کے قابل ہو گئے تھے کہ میرؔ جیسے بلند پایہ شاعر اور تذکرہ نگار نے ان پر تبصرہ کرنے کی ضرورت محسوس کی ہو؟اس سوال کے جواب میں یہ حقیقت سامنے آجاتی ہے کہ غالبؔ فی الواقع کم عمری میں شعر کہنے لگ گئے تھے اور اپنی شاعری کے ابتدائی دنوں ہی میں انہیں ایک شناخت مل گئی تھی"(ڈاکٹر شکیل پتافی)۔

مولانا حالیؔ فرماتے ہیں:

"مرزا کی شاعری اکتسابی نہ تھی بلکہ ان کی حالت پہ غور کرنے سے صاف ظاہر ہوتا تھا کہ یہ ملکہ ان کی فطرت میں ودیعت کیا گیا تھا۔انہوں نے جیسا کہ اپنے فارسی دیوان کے خاتمے میں تصریح کی ہے۔گیارہ برس کی عمر میں شعر کہنا شروع کر دیا تھا۔"(۲)

غالبؔ کے بعض نامور محققین کا بیان بھی یہی ہے کہ انہوں نے کم عمری ہی میں شاعری کا آغاز کر دیا تھا۔اس سلسلے میں امتیاز علی خاں عرشی رقم طراز ہیں:

"وہ تقریباًدس برس کی عمر سے شعر گو تھے کیونکہ کلیات فارسی کا اظہار جو سب سے قدیم ہے یہی ثابت کرتا ہے"(۴)

یہی بات مالک رام نے بھی کہی ہے۔وہ ایک جگہ لکھتے ہیں:

"وہ مولوی محمد معظم کے مکتب میں پڑھتے تھے اور ان کی عمر دس گیارہ سال سے زیادہ نہیں تھی کہ انہوں نے شعر کہنا شروع کر دیا تھا"(۵)

میرؔ اور مولانا حالیؔکے ان بیانات کے ساتھ ساتھ دیگر اساتذہ و متقدمین کی آراء سے اس بات کو تقویت پہنچتی ہے کہ غالب واقعی کم عمری میں اچھے شعر کہنے لکھنے لگ گئے تھے اور انہیں شاعری کے ابتدائی دنوں ہی میں ایک شناخت مل گئی تھی۔

علاوہ ازیں اس باب میں، تذکروں میں غالبؔ کا مختصر تعارف،ان کی زندگی کے

حالات و واقعات، ان کا شعری رجحان، اور شعری سفر کے ساتھ ساتھ تذکرہ نگاری کی بدولت غالب شناسی اور غالب شکنی (جو دراصل غالب شناسی کا حصہ ہے) کے موضوعات اور حالات و واقعات پہ روشنی ڈالی گئی ہے۔

میرؔ کی اس رائے کے بعد غالبؔ کا جامع تعارف نواب ضیاء الدین احمد خان ایک تقریظ کی صورت میں سامنے لائے ان کے اس نثری تنقیدی نوٹ میں غالبؔ کو "سر خیلِ انجمنِ نکتہ دان" قرار دیا گیا اور ساتھ ہی چند فارسی اشعار بھی کہے جو کلامِ غالبؔپر باقاعدہ تنقیدی خیالات کی حیثیت رکھتے ہیں، یہ تقریظ مع اشعار کئی صفحات پر مشتمل تھی جسے سر سیّد احمد خان نے اپنی تصنیف "آثار الصنادید" میں بھی شامل کیا۔

تذکرہ نگاری کی بدولت پھر یہ سلسلہ مستقل بنیادوں پر چل نکلا، بڑے بڑے تذکرہ نگاروں نے اپنے اپنے نقطہء نظر کے حساب سے غالبؔ پر کچھ نہ کچھ ضرور لکھا۔ غالب شناسی کے حوالے سے چند تذکرے ملاحظہ فرمایئے۔

سیّد محمد صدیق حسین خان کا تذکرہ جو کہ "شمع انجمن" کے نام سے ۱۸۷۶ء میں تصنیف ہوا، جس میں غالب کا ذکر ان الفاظ میں کیا گیا:

"خطاب نجم الدولہ دبیر الملک نظام جنگ بہادر، شاہجہان آباد کے نامی سخنوروں میں سے ہے، قوتِ فکرِ خداداد کا مالک ہے۔ اشعار کی خوش وضع بنیاد تعمیر کرتا ہے اور دلکش معنی اختراع کرتا ہے۔ بیشہء سخن پروری کا شیر ہے اور معنی گستری کی ولایت کا فرمانروا۔ نثر و نظم میں طرزِ خاص کا مالک ہے اور دلنشیں تراکیب ایجاد کرتا ہے۔ ان کے بہت سے معاصر نثر نویسی اور شعر گوئی میں ان کے کمال کے قائل ہیں"۔ (۵۲)

غالب شناسی کے حوالے سے سیّد نور الحسن کا تذکرہ" طورِ کلیم " بھی جو کہ ۱۸۷۸ء میں شائع ہوا قابلِ ذکر ہے جس میں غالب اور ان کی علمی خدمات کے بارے میں بنیادی

باتوں کو منظرِ عام پر لایا گیا:

" فخر عرفی و غیرت طالب میرزا نوشہ اسد اللہ خان المخاطب بہ نجم الدولہ، دبیر الملک، نظام جنگ بہادر افراسیاب کی نسل میں سے تھے۔ اکبر آباد میں مولد تھا اور دہلی مسکن۔ لفظ "غریب" تاریخ ولادت ہے۔ وفات ۱۲۸۵ھ میں واقع ہوئی۔ "پنج آہنگ"، " دستنبو"، "مہر نیم روز" اور " قاطع برہان" ان کی تالیفات میں سے ہیں۔ فارسی زبان میں بھی ایک دیوان رکھتے ہیں۔ ابیات کا مجموعہ بھی ہے۔ اوّل اوّل مرزا بیدل کی روش اختیار کی۔ آخر الامر بڑا پسندیدہ انداز ایجاد کیا۔ اپنے دیوانِ ریختہ میں سے بہت سے اشعار نکال دیے ہیں اور قلیل تعداد میں انتخاب کر لیے ہیں۔ پہلے اسدؔ تخلص کرتے تھے، جو غزلیات کے بعض مقطعوں میں اب بھی موجود ہے۔ پچاس سال ان کی مدتِ مشق ہے۔ فارسی گوئی میں ان کا پایہ فحول الشعراء سے کم نہیں اور ریختہ کی حالت بھی یہ ہے کہ اگر ان کا کوئی ہم مرتبہ ہے تو سامنے لائیں۔ اگر حدیقہء نظم کے لیے نو بہار ہیں تو عرصہء نثر میں بھی مرد کار ہیں۔ جمیع اصنافِ سخن پر جو قدرت انہیں حاصل ہے، بیان سے باہر ہے" (۵۴)

مضمون ہذا میں غالب شناسی کے حوالے سے تمام مندرج تذکرہ نگاروں کا احاطہ کرنا تو ممکن نہیں لیکن یہاں پر چند تذکروں کے نام مع نامِ تذکرہ نگار درج ذیل ہیں۔

"نکات الشعراء" (میرؔ)، "عیار الشعراء" (خوب چند ذکاؔ)، "عمدہء منتخبہ" (اعظم الدولہ سرورؔ)، "گلشنِ بے خار" (نواب مصطفی خان شیفتہؔ)، "انتخابِ یادگار" (امیر مینائی)، " آبِ حیات " (مولانا محمد حسین آزادؔ)۔ اس کے علاوہ مولانا حالیؔ کا تنقیدی شاہکار " یادگارِ غالب " انتہائی ہمیت کا حامل ہے۔

مولانا حالیؔ غالب کا موازنہ میرؔ و سوداؔ اور ان کے مقلدین سے کرتے ہوئے غالب کو

ایک نئے طرز اور نرالی کیفیت کا شاعر قرار دیتے ہوئے لکھتے ہیں:

"چنانچہ ہم دیکھتے ہیں کہ جب میرؔ و سوداؔ اور ان کے مقلدین کے کلام میں ایک ہی قسم کے خیالات اور مضامین دیکھتے دیکھتے جی اکتا جاتا ہے اور اس کے بعد مرزا کے دیوان پر نظر ڈالتے ہیں، تو اس میں ہم کو ایک دوسرا عالم دکھائی دیتا ہے اور جس طرح کہ ایک خشکی کا سیاح سمندر کے سفر میں یا ایک میدان کا رہنے والا پہاڑ پر جا کر ایک بالکل نئی اور نرالی کیفیت کا مشاہدہ کرتا ہے، اسی طرح مرزا کے دیوان میں ایک اور ہی سماں نظر آتا ہے"(٦١)۔

اس عہد کے تذکروں میں ایک نہایت اہم تذکرہ، کریم الدین کا "گلدستہء ناز نیناں" قابلِ ذکر ہے۔

یہ تذکرہ دو باتوں سے نہایت منفرد حیثیت اور اہمیت کا حامل ہے۔ اوّل یہ کہ جتنا زیادہ نمونہء کلام اس تذکرے میں ہے اور کسی تذکرے کے حصے میں نہیں آیا۔ دوم یہ کہ اس تذکرے کے ذریعے غالب کی ایک ایسی غزل بر آمد ہوئی جو کسی مطبوعہ دیوان میں حتیٰ کہ نسخہء حمیدیہ میں بھی شامل نہیں، جو کہ درج ذیل ہے:

اپنا احوالِ دلِ زار کہوں یا نہ کہوں
ہے حیاء مانعِ اظہار، کہوں یا نہ کہوں
نہیں کرنے کا میں تقریر ادب سے باہر
میں بھی ہوں محرمِ اسرار کہوں یا نہ کہوں
شکر سمجھو اسے یا کوئی شکایت سمجھو
اپنی ہستی سے ہوں بیزار کہوں یا نہ کہوں
اپنے دل ہی سے میں احوالِ گرفتاریء دل

جب نہ پاؤں کوئی غم خوار، کہوں یا نہ کہوں
دل کے ہاتھوں سے کہ ہے دشمنِ جانی میرا
ہوں اک آفت میں گرفتار کہوں یا نہ کہوں
میں تو دیوانہ ہوں اور ایک جہاں ہے غماز
گوش ہیں درپسِ دیوار کہوں یا نہ کہوں
آپ سے وہ مرا احوال نہ پوچھے تو اسدؔ
حسبِ حال اپنے پھر اشعار کہوں یا نہ کہوں (۲۳)

(ب) غالب شکنی کی روایت:

اب ذرا غالب شکنی کے حوالے سے تھوڑا سا جائزہ لیتے ہیں۔ غالب شکنی کے حوالے سے ڈاکٹر شکیل پتافی کی تحقیقی کاوش کچھ اس طرح سامنے ہے:

"غالب کی زندگی میں جہاں ان کی تعریف و توصیف کی گئی اور ان کی حق و تائید میں لکھا گیا وہیں ان کے خلاف لکھے جانے کی روایت بھی قائم ہو گئی۔ جس کے نتیجے میں غالب شکنی ایک مستقل موضوع کی شکل اختیار کر گئی۔ غالب کے خلاف جو کچھ بھی لکھا گیا، اگرچہ وہ اس کا عشرِ عشیر بھی نہیں کہ جو اُن کے حق میں لکھا گیا لیکن یہ ایک حقیقت ہے کہ غالب شناسی کے ہر عہد میں ہندوستان کے اطراف و اکناف سے غالب شکنی کی آوازیں بھی سنی جاتی رہی ہیں۔ کوئی دور ایسا نہیں کہ غالب کے خلاف نہ لکھا گیا ہو۔ غالب کے خلاف لکھنے والوں نا صرف ان کے شعر و فن کو موضوع بنائے رکھا بلکہ غالب کی ذاتی اور شخصی زندگی کو بھی نشانہ بنانے میں کوئی دقیقہ فرو گزاشت نہیں کیا۔ کچھ تحریریں مخالف برائے مخالف کے ضمن سامنے آئیں۔ جبکہ بعض اہلِ قلم نے تو اس موضوع کو اوڑھنا بچھونا بنا لیا کہ جب بھی لکھا، جو بھی لکھا، غالب کے خلاف ہی لکھا۔ لیکن اگر دیکھا

جائے تو غالب شکنی بھی دراصل غالب شناسی ہی کا ایک عمل یا ردِ عمل ہے جو غالبیات میں گراں قدر اضافے کا باعث بنا ہے۔

غالب کے خلاف سب سے پہلی آواز ان کے ایک ہم عصر تذکرہ نگار، قطب الدین باطنؔ نے بلند کی۔ "گلستانِ بے خزاں" ان کا تذکرہ ہے جو دراصل شیفتہؔ کے تذکرے "گلستانِ بے خار" کے جواب میں لکھا گیا ہے۔ شیفتہؔ سے باطنؔ کی مخالفت کی بنیادی وجہ یہ تھی کہ اس نے اپنے تذکرے "گلشنِ بے خار" میں باطن کے استاد نظیر اکبر آبادی کے بارے میں منفی رائے کا اظہار کرتے ہوئے ان کے اشعار کو بازاری لوگوں کی پسند قرار دیا تھا۔ جواب میں باطنؔ نے اپنے تذکرے میں نا صرف اس بلکہ اس کے استاد (غالب) کو بھی جی کھول کر برا بھلا کہا۔ چنانچہ "گلستانِ بے خزاں "کا ذکر غالب شکنی کا نقشِ اوّل قرار پاتا ہے۔"

بقول ڈاکٹر فرمان فتح پوری:

باطنؔ کا بیان خاصا دلچسپ ہے اور غالب کے کلام اور شخصیت پر جائز و نا جائز، بہر حال اوّلین تنقیدی تحریر کی حیثیت رکھتا ہے"(۱۸۴)

"گلستانِ بے خزاں" میں سے غالب کے بارے ایک اقتباس ملاحظہ ہو:

" غالبؔ و اسدؔ تخلص، اسد اللہ خان نام، ملقب بمرزا نوشہ، آپ دو تخلص کرتے ہیں۔ انتخابِ زباں میں یکہ دوراں ہیں............ جس طرح طبیعت آئی اس کی خاک اڑائی چنانچہ دفتر رز سے تاک لگائی تو وہ ظرف پیدا کیا کہ مینائے گردوں میں شرابِ شفق قاضیء آفتاب بہ ادب پیش کش لایا اور قمار بازی پر جو دھیان کیا تو چھٹے جواری ہوئے.......... دہلی والے صاحب کو اپنے روبرو میں نہیں لاتے۔

مارے خودی اور تبختر کے جی میں پھولے نہیں سماتے پر جب کسی سے مقابلہ ہو تو دم

بھر میں فیصلہ ہو۔ ان کو شراب و شباب چاہیے۔ روزے کے نام سے انہیں کیا کام، نماز کو ان کا ہر دم سلام، اصحابِ تذکرہ کی تحریر دیکھی اور ان کی تقریر دیکھی۔ کیا غرور ہیں۔ اپنے نزدیک کتنے دور ہیں یارانِ ہم صحبت ان سے زیادہ غرور میں چور ہیں۔ گویا ان کے یار خوشامد کے مزدور ہیں۔ دہلی والے صاحبوں کے تذکرے جو عبارت رکھتے ہیں۔ متاعِ خیریت شعرائے ماضی و حال مصنف کے غارت رکھتے ہیں" (۱۸۵)

" غالب پر ان کی ذاتی زندگی کے حوالے سے جو الزامات عائد ہوئے ہیں ان میں سے مے نوشی اور قمار بازی شامل ہیں۔ چنانچہ غالب کے خلاف لکھنے والوں نے (جیسا کہ باطنؔ کے محولہ بالا بیان سے ظاہر ہے) ان کی شخصی کمزوریوں کو منظرِ عام پر لانے کی کوشش کی گئی ہے۔ غالب کے عہد میں جو اخبار شائع ہوئے ہیں ان میں بھی بعض خبریں غالب خلاف چھپی ہیں، جن سے غالب کی شخصیت کے منفی پہلوؤں پر روشنی پڑتی ہے جو آگے چل کر غالب شکنی کا روپ اختیار کر چکی ہیں۔ ذیل میں ۲۲ اگست ۱۸۴۱ کے ایک اخبار " دہلی اردو اخبار " میں غالب کے بارے میں شائع ہونے والی خبر کا اقتباس پیش کیا جاتا ہے۔ ملاحظہ ہو" (ڈاکٹر شکیل پتافی):

" سنا گیا ہے کہ ان دنوں گزر قاسم خان میں مرزا نوشہ کے مکان سے اکثر نامی قمار باز پکڑے گئے، مثل ہاشم خان وغیرہ کے جو سابق بڑی علتوں میں دورہ تک سپرد ہوئے تھے، بڑا قمار ہوتا تھا، لیکن بہ سبب رعب و کثرتِ مردان کے یا کسی طرح سے کوئی تھانیدار اثر انداز نہیں ہو سکتا تھا۔ اب تھوڑے دن ہوئے یہ تھانیدار قوم سے سیّد اور بہت جری سنا جاتا ہے، مقرر ہوا ہے۔ .... یہ مرزا نوشہ، ایک شاعر، نامی رئیس زادہ نواب شمس الدین قاتل ولیم فریزر کے قرابت قریبہ میں سے ہے۔ یقین ہے کہ تھانیدار کے پاس بہت رئیسوں کی سعی و سفارش بھی آئی لیکن اس نے دیانت کا کام فرمایا، سب کو

گرفتار کیا۔ عدالت سے جرمانہ علیٰ قدر مراتب ہوا۔ مرزا نوشہ پہ سو روپے، نہ ادا کریں تو چار مہینہ قید"(۱۸۷)

یہ خبر دوسرے اخبارات میں بھی شائع ہوئی۔ مثلاً کلکتہ کے فارسی اخبار "مہرِ منیر "نے ۲ ستمبر ۱۸۴۱ء کے شمارے میں یہ خبر اس طرح شائع کی:

" از مکانِ مرزا نوشہ ،شاعرِ نامدار دہلی، یکے از عزیزانِ نواب شمس الدین خان مرحوم، تنے چند مقامرانِ نامدار کہ در لیل و نہار بجز قمار دیگر کار نداشتند، در حالتِ مقامرت بسعی تھانیدار اسیر و گرفتار شدند و بر محکمہ حاکم حاظر گردیدند۔ حاکمِ نصف شعار از شاعر یک صد روپیہ و از دیگران سی سی روپیہ جرمانہ گرفتہ آزاد فرمود"(۱۸۸)

"مہر منیر" کی اس خبر سے یہ بھی معلوم ہوتا ہے کہ مرزا غالب کو سو روپیہ جرمانہ ہوا تھا جبکہ دوسروں کو تیس تیس روپے۔ قمار بازی کا یہ واقعہ ۱۸۴۱ء میں پیش آیا تھا۔

۱۸۴۷ء میں غالب پھر قمار بازی کے الزام میں پکڑے گئے۔ جس سے ان کی شخصی زندگی بری طرح متاثر ہوئی اور دشمنوں کو ایک بار پھر ان کے خلاف منہ کھولنے کا موقع مل گیا۔ اس سلسلے میں ۲۶ جون ۱۸۴۷ء کے "احسن الاخبار" میں اس حوالے سے خبر شائع ہوئی جو یہاں طوالت سے بچتے ہوئے درج نہیں کر رہے۔

غالبکی زندگی میں علمی نوعیت کا بھی ایک واقعہ ایسا رونما ہوا جس کے نتیجے میں ان کے خلاف پورا محاذ کھل گیا۔ اسے "قضیہ ء برہان" کے نام سے یاد کیا جاتا ہے۔ ۱۸۵۷ء کے انقلاب کے بعد غالب عموماً گوشہ نشین ہو گئے تھے۔ اس دوران میں انہوں نے فارسی کی مشہور لغت "برہانِ قاطع "مؤلفہ محمد حسین تبریزی کا بنظرِ غائر مطالعہ کیا اور اس میں انہیں جو غلطیاں نظر آئیں ان پر اشارات قلمبند کرتے رہے۔ بعد ازاں ان اشارات کو یکجا کیا تو ایک رسالہ مرتب ہو گیا۔ جس کا نام غالب نے "قاطع برہان" رکھ دیا۔ ۱۸۶۲ء

میں یہ کتابی شکل میں شائع ہوا" برہانِ قاطع " کے حامیوں نے غالب کے خلاف ایک طوفان برپا کر دیا۔ مخالفین کے طرزِ عمل کا ذکر کرتے ہوئے مولانا غلام رسول مہرؔ نے لکھا ہے:

" قاطع کے شائع ہوتے ہی جامد خیال مقلدوں کے لشکر غالب کے خلاف صفیں باندھ کر کھڑے ہو گئے۔ ان میں سے کوئی یہ سوچنے کے لئے تیار نہیں تھا کہ غالب نے کیا لکھا ہے یا اصولِ فارسی کے لحاظ سے اس کی حقیقی حیثیت کیا ہے۔ سب محض اس وجہ سے جوش میں آ گئے کہ غالب کو صاحبِ برہانِ قاطع کے خلاف زبان کشا ہونے کی جرأت کیوں کر ہوئی؟اس سلسلے میں غریب غالب نے چھوٹے پیمانے پر وہ تمام مصیبتیں اور اذیتیں برداشت کیں جو تقلید و جمود کے راستے سے الگ ہو کر چلنے والوں کو ہر عہد اور ہر دائرے میں ہمیشہ آتی رہی ہیں"(۱۹۱)

اور بقول مولانا حالیؔ، ہر کس و ناکس مرزا غالبؔ کی مخالفت پر کمر بستہ ہو گیا(۱۹۲) " قاطع برہان" کے جواب میں جو کتابیں لکھی گئیں۔ ان میں چار فارسی نثر میں ہیں جن کے نام یہ ہیں۔

۱۔ محرق قاطع برہان، از سیّد سعادت علی، دہلی:۱۸۶۳ء

۲۔ ساطع برہان، از میرزا رحیم بیگ، میرٹھ:۱۸۶۵ء

۳۔ مؤید برہان، از مولوی احمد علی، کلکتہ:۱۸۶۶ء

۴۔ قاطع القاطع، از مولوی امین الدین پٹیالوی، دہلی:۱۸۶۶ء

غالبؔ کے خلاف یہ کتابیں نا صرف خاص و عام میں تقسیم ہوئیں بلکہ اس عہد کے اخبارات نے بھی ان کتابوں کے اشتہارات کو نمایاں طریقے سے شائع کر کے مسئلے کو اور زیادہ ہوا دینے کا کردار ادا کیا۔

"چراغِ دہلی" غالب کا مخالف اخبار تھا۔ اس نے ۶/ اکتوبر ۱۸۶۶ء کے شمارے میں مولوی امین الدین پٹیالوی کی کتاب "قاطع القاطع" کا اشتہار ان الفاظ میں شائع کیا:

"ایک کتاب مسمی بہ "قاطع القاطع" من تصنیف مولوی امین الدین بجواب "قاطع برہان" مصنفہ اسد اللہ خان غالب کہ جناب ممدوح نے بہ ردِ لغات برہانِ قاطع تحریر فرما کر اس مردہء دوصد سالہ کو بہ دشنام دہی یاد فرمایا تھا۔ مولوی صاحب نے جملہ اقوال جناب مرزا صاحب کو تردید کر کے اور سند اور نظائر اس کے کلمات اساتذہء قدیم سے بہم پہنچا کر اقوال برہان کو بخوبی تمام پایہء ثبوت پہنچایا" (۱۹۳)

غالبؔ کی شاعرانہ زندگی کے بارے میں یہ بات بڑے وثوق کے ساتھ کہی جا سکتی ہے کہ ان کی فکر چونکہ ان کے ہم عصروں سے بلند و بالا تھی اس لئے ان کے ابنائے عصر ان کی بات کو پوری طرح نہیں سمجھ پائے یعنی غالب کے جوہرِ اندیشہ کو گرفت میں نہیں لا سکے۔ ایسی صورت میں یوں ہوتا ہے کہ شاعر کی شاعرانہ قدر و قیمت کو گھٹا کر پیش کرنے کی روش چل نکلتی ہے۔ جس سے قاری اور شاعر کے درمیان ایک بُعد سا پیدا ہونے لگتا ہے۔ چنانچہ ابتداً غالب کے ساتھ ایسا کرے کی کوشش کی گئی۔ اگرچہ غالب کو یہ شکوہ رہا کہ ناقدروں نے ان کے کمال فن کی کوئی خاطر خواہ قدر نہیں کی اور اس عہد میں غالب کے ہوتے ہوئے دلی میں ذوقؔ کو اور لکھنو میں ناسخؔ کو ان پر فوقیت دی جاتی رہی۔ لیکن غالب کی وفات کے بعد بھی ابتداً یہی تعصب روا رکھا گیا۔ اس سلسلے میں مولانا محمد حسین آزادؔ نے بھر پور کردار ادا کیا۔ ذوقؔ چونکہ ان کے استاد تھے اس لئے انہوں نے "آبِ حیات" ذوقؔ کے نام کے ساتھ "ملک الشعراء" ہونے کا اعزاز چسپاں کر کے غالبؔ پر انہیں فوقیت دینے کی کوشش کی ہے۔ ڈاکٹر گیان چند کا کہنا ہے کہ ہے کہ مولانا آزادؔ نے اگرچہ غالبؔ کی کافی مدح کی ہے لیکن اس مدح کے پردے میں "ہجوِ ملیح" کی بد

گمانی ہوتی ہے (۲۰۲)۔ آزاد لکھتے ہیں:

اکثر شعراء ایسے درجہ ءرفعت پر واقع ہوئے ہیں کہ ہمارے نارسا ذہن وہاں تک نہیں پہنچ سکتے"۔(۲۰۳)

آزاد نے "اردوئے معلی" محاوروں اور روزمرہ کی مثالیں دے دے کر اعتراض کیا ہے:

" بعض فقرے کم استعداد ہندوستانیوں کے کانوں کو نئے معلوم ہوتے ہیں (۲۰۵)"

مندرجہ بالا دونوں عنوانات، غالب شناسی اور غالب شکنی (جو دراصل غالب شناسی ہی کا ایک پہلو ہے) کے لامتناہی ریفرنسز کو کسی مضمون میں سمونا ممکن نہ ہے اس کے لئے یہ کام ایک ضخیم کتاب کا مطالبہ کرتا ہے مگر باوجود کوشش کے بھی اختصار قائم نہ رہ سکا۔لہذا باقی ابواب کے ساتھ ان کے صرف اجزاء درج کرنے پہ اکتفاء کرتے ہیں۔

باب دوم: ترتیب و تدوین

(الف) اردو شاعری (ب) اردو نثر (ج) فارسی شاعری (د) فارسی نثر (ہ) متفرق، مجموعی جائزہ،

باب سوم: تحقیق و تنقید

(الف) تحقیق

۔۔ اردو کتب کا جائزہ۔ دیگر زبانوں میں تحقیق۔ جامعات میں تحقیق۔ زیر تحقیق مقالات

۔ مجموعی جائزہ

(ب) تنقید

۔اردو کتب کا جائزہ۔ دیگر زبانوں میں تنقید۔ مجموعی جائزہ۔ حوالہ جات وحواشی

باب چہارم: ترجمہ وتشریح

(الف) ترجمہ

۔منثور اردو تراجم۔ منظوم اردو تراجم۔ منثور انگریزی تراجم۔ منظوم انگریزی تراجم

۔علاقائی زبانوں میں تراجم۔ مجموعی جائزہ

(ب) تشریح

۔ اردو کلام کی شرحیں۔ متفرق اردو شرحیں۔ فارسی کلام کی شرحیں۔ مجموعی جائزہ۔ حوالہ جات وحواشی

باب پنجم: متفرقات

ہم طرح۔ تضمین۔ پیروڈی۔ مزاح۔ ناول۔ ڈرامے۔ لطائفِ غالب۔ نصابی رہنمائی۔ غالب شناسوں پر تحقیق۔ غالبیات کے ادارے۔ غالب شناس۔ کتابوں میں غالب۔ ادبی جرائد (غالب نمبر)۔ قومی اخبارات (غالب ایڈیشن)۔ متفرق مضامین (اشاریہ)۔ مجموعی جائزہ۔ حوالہ جات وحواشی

باب ششم: پاکستان میں غالب شناسی کا مستقبل

(الف) غالب پر لکھنے کی ضرورت

(ب) اردو زبان وادب پر غالب کے اثرات

(ج) پاکستان میں غالب شناسی کا مستقبل

(د) چند تجاویز

قارئین کرام! یہ تو تھا غالب شناسی کے حوالے سے ڈاکٹر شکیل پتافی کے پی۔ایچ۔ڈی کے تھیسس "پاکستان میں غالب شناسی" کا مختصر تعارف، میں نے اپنی طرف

سے ہر ممکن سعی کی کہ حقائق اور حوالہ جات کو سو فیصد صحیح حد تک قلمبند کروں پھر بھی بشری تقاضوں کے تحت اگر کوئی دقیقہ فرو گزاشت رہ گیا ہو تو اس کے لیے پیشگی معذرت۔اور میں آخر میں اس مقالے کے مصنف و محقق ڈاکٹر شکیل پتافی کو خراجِ تحسین پیش کرنا چاہوں گا جن کی متحقق کاوش کی بدولت قومی علم و ادب کے سرمائے میں گراں قدر اضافہ ہوا۔اور نیز اس تحقیق اور ادبی شہ پارے سے نا صرف دورِ حاضر کے غالب شناسی کے طلباء فائدہ اٹھائیں گے بلکہ آنیوالا ہر عہد مستفید ہو گا۔

***

رشید حسن خان کی غالب شناسی : ابراہیم افسر

عزیر اسرائیل

اردو کے نئے لکھاریوں میں ابراہیم افسر اپنی پہچان بنانے کے لیے کوشاں ہیں۔ ان کے تحقیقی و تنقیدی مضامین ملک کے معروف ادبی رسالوں کی زینت بن رہے ہیں۔ حال ہی میں ان کی دو کتابیں منظر عام پر آئی ہیں۔ "رشید حسن خان کی غالب شناسی" اور رشید حسن خاں کے تبصرے اور تجزیے" (جلد اول)۔ یہ دونوں کتابیں مرتب نے بڑے اہتمام کے ساتھ شائع کی ہیں۔ سب سے پہلے بات "رشید حسن خاں کی غالب شناسی" سے شروع کرتا ہوں۔ یہ کتاب ۴۰۰ صفحات پر مشتمل ہے۔ بنیادی طور پر کتاب کے دو حصے ہیں پہلے حصے میں مرتب نے رشید حسن خاں کی غالب شناسی پر مضامین کو شامل کیا ہے جبکہ دوسرے حصے میں رشید حسن خان کے ان مضامین کو شامل کیا ہے جو انہوں نے غالب کی زندگی، شاعری یا ان کی نثر پر لکھا ہے۔ رشید حسن خاں نے غالب کی فارسی کتاب دستنبو کا اردو ترجمہ کیا تھا۔ مرتب نے اس کو بھی کتاب میں شامل کرلیا ہے۔ رشید حسن خاں کے خطوط کے مجموعے سے ان خطوط کو بھی ابراہیم افسر نے اس کتاب میں شامل کر دیا ہے جس میں انہوں کے غالب کے بارے میں کسی مسئلہ پر اظہار خیال کیا ہے۔

کتاب کے شروع میں مرتب نے مشفق خواجہ کے ایک خط کو نقل کیا ہے جو انہوں نے رشید حسن خاں کو لکھا تھا۔ اس خط میں انہوں نے اس خواہش کا اظہار کیا تھا کہ غالب

پر انہوں نے جتنے مقالے لکھے ہیں انہیں ایک مجموعے کی شکل میں شائع کر دیا جائے اور اس میں دستنبو کے اردو ترجمہ کو بھی شامل کر دیا جائے۔ مشفق خواجہ کی اس فرمائش کا جواب رشید حسن خاں نے کیا دیا معلوم نہیں، لیکن یہ بات معلوم ہے کہ رشید حسن خاں کی زندگی میں ان مضامین کے مجموعے کو شائع نہیں کیا گیا۔ ایسا معلوم ہوتا ہے کہ اس خط کو پڑھ کر ابراہیم افسر کے دل میں اس کام کو انجام دینے کی خواہش پیدا ہوئی ہوگی۔

کتاب کے پہلے حصے میں مرتب کا مقدمہ تقریباً پچاس صفحات پر محیط ہے۔ یہ مقدمہ اس کتاب کا ماحصل ہے۔ اس میں فاضل مرتب نے رشید حسن خاں کی غالب دوستی کو تفصیل سے بیان کیا ہے۔ انہوں نے رشید حسن خان کی غالب پر لکھی گئی ہر دستیاب تحریر کا جائزہ لیا ہے۔ رشید حسن خاں کی ادبی تحریروں میں ایک بڑی تعداد تبصروں کی ہے۔ انہوں نے غالب پر لکھی گئی کئی اہم کتابوں کا جائزہ لیا اور ان کے اندر پائی جانے والی خامیوں کی نشاندہی کی۔ وہ کتابوں پر تبصرہ کرتے وقت قلم کو جراح کے نشتر کی استعمال کرتے تھے۔ رشید حسن خاں کو جاننے والے واقف ہوں گے کہ انہوں نے علی گڑھ تاریخ ادب اردو کی خامیوں کو اس طرح طشت از بام کیا تھا کہ وہ کتاب ہی مارکیٹ سے ہٹانی پڑی تھی۔ ابراہیم افسر نے رشید حسن خاں کے خطوط کے علاوہ ان کے تبصروں کو سامنے رکھتے ہوئے ان کی غالب شناسی کا جائزہ لیا ہے۔ ان خطوط کے حوالے سے انہوں نے رشید حسن خاں کی کئی کتابوں کے بارے غلط فہمی بھی دور کی ہے۔ مثلاً دہلی یونی ورسٹی سے شائع کتاب اشاریہ کام غالب، جس کے مرتبین میں ان کا بھی نام ہے، اسی طرح ایک پاکستان سے شائع شدہ ایک کتاب غالب فکروفن۔ ان دونوں کتابوں سے انہوں نے اپنے خطوط میں براءت کا اظہار کیا ہے۔ اول الذکر کو کسی نے تجارتی مقصد سے استعمال کیا تھا اور دوسری کتاب کو خواجہ احمد فاروقی نے شائع کرتے وقت مرتبین کے نام میں ان کا نام

شامل کر دیا تھا۔

مقدمہ کے بعد رشید حسن خاں کی کتاب گنجینہ معنی کا طلسم جو کہ در اصل دیوان غالب کا اشاریہ ہے پر دو مضامین ہیں ایک پروفیسر ظفر احمد صدیقی اور دوسرا خود مرتب کا لکھا ہوا۔ ظفر احمد صدیقی نے لکھا ہے کہ "غالب کا کلام اگر گنجینہ معنی کا طلسم ہے تو رشید حسن خاں کا یہ اشاریہ طلسم کشا ہے۔" ظفر احمد صدیقی نے اپنے مضمون میں زیادہ تر کتاب کے ادبی مباحث سے سروکار رکھا ہے جبکہ ابراہیم افسر نے رشید حسن خاں کے خطوط کے حوالے سے اس کتاب کی اہمیت و افادیت پر روشنی ڈالی ہے۔

کتاب کے دوسرے حصے میں رشید حسن خاں کی وضاحتی تحریر جو انہوں نے غالب فکر و فن نامی کتاب کی براءت سے متعلق ہماری زبان میں لکھی تھی شامل ہے۔ اس کے بعد دستنبو کا اردو ترجمہ، دیوان غالب-صدی ایڈیشن پر تحقیقی مضمون جس میں انہوں نے مالک رام کے ذریعہ شائع دیوان غالب کے اس نسخہ کو ساقط الاعتبار ٹھہرا ہے جس کے بارے میں مالک رام کا دعوی تھا کہ یہ حیدر آباد کی آصفیہ لائبریری میں محفوظ ہے۔ اس کے بارے میں یہ بھی دعوی کیا گیا تھا کہ اس کی تصحیح غالب نے خود اپنے قلم سے کی تھی۔ غالب کے سلسلے میں تحقیق کے نئے امکانات میں رشید حسن خان نے غالبیات کے ان گوشوں پر روشنی ڈالی ہے جو ان کی نظر میں تشنہ تھے یا جن پر کام کرنے کی گنجائش ہے۔ انہوں نے خاص طور غالب کے املا پر کام کرنے کی اہمیت پر روشنی ڈالی ہے۔ وہ اس بات کے بھی داعی ہیں کہ غالب پر کام کرنے والے ادارے کسی ایک املا پر متفق ہوں جن کی پاسداری سبھی کتابوں میں کی جائے۔ غالب کے سو سالہ جشن کے موقع پر رشید حسن خاں نے غالب سے متعلق کچھ مطبوعات کے عنوان کے ایک اہم مضمون لکھا تھا جس میں انہوں نے زیادہ تر غالب سے متعلق متون یا متعلقات متون کتابوں سے سروکار رکھا ہے۔ اس کے علاوہ اس حصے میں شامل مضامین اس طرح ہیں: بہ سلسلہ تدوین کلام

غالب، غالب کے خطوں میں قواعد زبان، تلفظ اور املا کے مسائل، یادگار غالب، قابل اعتماد متن کی تلاش، غالب (مختصر حالات اور انتخاب کلام مع شرح) از کالی داس گپتا رضا پر تبصرہ، تبصرہ: انشائے غالب کا خطی نسخہ، تبصرہ: غالب اور صفیر بلگرامی از مشفق خواجہ، تبصرہ: تحقیق غالب از سید معین الرحمن، تبصرہ: حیات غالب کا ایک باب از ڈاکٹر حسن اختر، غالب اور انقلاب ستاون از ڈاکٹر معین الرحمن کا پیش لفظ، انشائے غالب (عرض مرتب)، املائے غالب (ابتدائیہ)، شرح طباطبائی، توضیحی اشاریہ غالب نامہ از فاروق انصاری کا پیش لفظ۔

ان مضامین میں سے کچھ رشید حسن خاں کی کتابوں سے لیے گئے ہیں اور زیادہ تر ادبی رسالوں سے حاصل کیے گیے ہیں۔ ادبی رسالوں کی پرانی فائلوں سے مضامین تلاش کرنا کافی مشکل کام ہوتا ہے جس کے لیے ابراہیم افسر کو واقعی پریشانیوں کا سامنا کرنا پڑا ہوگا۔ غالب کے حوالے سے لکھے گئے رشید حسن خان کے سبھی مضامین، خطوط، تبصرے، دیباچے اور کتابوں کے پیش لفظ کتابی صورت میں شائع ہو جانے سے محققین کو رشید حسن خاں کی غالب شناسی کو جاننا اور سمجھنا آسان ہو گا۔ ساتھ ہی ان مضامین کی روشنی میں غالب فہمی کے بارے میں قارئین کی واقفیت میں بھی اضافہ ہو گا۔ مرتب نے کتاب کو کافی اہتمام کے ساتھ شائع کیا ہے۔ سرورق دیدہ زیب اور عمدہ ہے۔ کاغذ بھی اچھی کوالٹی کا استعمال ہوا ہے۔ کتاب کے معیار کو سامنے رکھتے ہوئے ۲۵۰ روپئے کی قیمت واجبی معلوم ہوتی ہے۔ امید کی جاتی ہے کہ رشید حسن خاں اور غالب سے دلچسپی رکھنے والے اس کتاب میں دلچسپی دکھائیں گے۔ کتاب کی اشاعت کے لیے ابراہیم افسر کو ڈھیروں مبارکباد۔

***

شمس الرحمن فاروقی کی غالب شناسی

نجمہ منصور

بھارت اپنی قدیم تہذیبی و سماجی اور ادبی روایات کی وجہ سے خاصی شہرت رکھتا ہے تاہم مرزا اسد اللہ خان غالب کی وجہ سے اُسے جو شہرتِ دوام حاصل ہوئی ہے وہ سب سے زیادہ ہے۔ مرزا اسد اللہ خان غالب بھارت میں پیدا ہوئے اور وہاں آسودہ خاک ہیں۔ ان کے اردو اور فارسی کلام کا ایک زمانہ معترف ہے۔ عبد الرحمن بجنوری جیسے نقاد کا کہنا ہے کہ ہندوستان کے پاس دو الہامی کتابیں ہیں "دیوان غالب" اور دوسرا "مقدس وید" اتنا بڑا اعزاز غالب کو حاصل ہوا۔ غالب شناسی میں طباطبائی سے لے کر آج کے زمانے تک کئی نامور ناقدین نے اپنے اپنے طور پر غالب کی شرحیں لکھیں اور غالب کے شعروں کے نئے سے نئے معانی دریافت کرنے کی سعی کی ہے اور یہ سلسلہ جاری وساری ہے۔

بھارت کے ادبی افق پر چمکنے والے شمس نے ادبی ایوانوں کو منور کرنے میں کوئی دقیقہ فروگزاشت نہ رکھا۔ یہ شمس اپنی تخلیقی کرنوں کو بکھیرتے ہوئے ایسا قیمتی خزانہ دے گیا ہے کہ بھارت ہمیشہ اس پر فخر کرتا رہے گا۔ اس شمس کا نام شمس الرحمن فاروقی ہے جو ۱۹۳۵ء کو طلوع ہوا اور ۲۵ دسمبر ۲۰۲۰ء کو ہمیشہ ہمیشہ کے لیے غروب ہو گیا۔ شمس الرحمن فاروقی بہت وسیع مطالعہ رکھنے والے نقاد، شاعر، ناول نگار، غالب شناس، میر شناس، افسانہ نگار، مدیر اور دانش ور کی حیثیت سے معروف ہوئے۔ انھوں نے اپنی

خداداد صلاحیتوں سے ادب کے میدان میں وہ کارہائے نمایاں انجام دیئے کہ جنھیں کبھی فراموش نہیں کیا جا سکتا۔ ان کے تخلیقی سرمایہ میں " تفہیم غالب "، "شر شور انگیز "، " تنقیدی افکار""، " اثبات نفی "، " غالب پر چار تحریریں "، " اردو غزل کے اہم موڑ "، " عروض و آہنگ اور بیان "، جدیدیت کل اور آج "، " درس بلاغت "، " اردو کا ابتدائی زمانہ "، " آب حیات " کا انگریزی میں ترجمہ کیا ہے۔ شمس الرحمن فاروقی نے شاعری میں بھی اپنا ایک منفرد مقام و مرتبہ بنایا۔ " گنج سوختہ "، "سبز اندر سبز " اور " آسمان محراب " فکشن کے حوالے سے دیکھا جائے تو " افسانے کی حمایت میں "، "سوار اور دوسرے افسانے "، اور " کئی چاند تھے سر آسماں " (ناول) شامل ہیں۔ ان کے ناول " کئی چاند تھے سر آسماں " نے ان کی شہرت کو چار چاند لگائے ہیں۔

فاروقی صاحب نے " تفہیم غالب " اور " شعر شور انگیز " میں غالبؔ اور میرؔ کی شاعری کی تفہیم و تشریح ایک بالکل نئے انداز میں کرنے کی کامیاب کوشش کی ہے۔ ان کی شرح نے ناقدین کو ایک بار پھر سوچنے پر مجبور کر دیا ہے کہ وہ پہلے سے لکھی ہوئی شرحوں کو دوبارہ فاروقی صاحب کی تنقید کی روشنی میں دیکھیں۔ " تفہیم غالب " سے پہلے غالب کے کلام پر متعدد شرحیں لکھی جا چکی تھیں۔ شمس الرحمن فاروقی نے پہلے سے لکھی ہوئی شرحوں کو پڑھ کر ان سے مرعوب ہونے کے بجائے اپنا ایک الگ نقطہ نظر قائم کیا اور غالب شناسی میں ایک ایسا انقلاب برپا کر دیا ہے کہ پہلے سے لکھی ہوئی تمام شرحیں بہت کمزور اور تشنہ دکھائی دینے لگیں۔ شمس الرحمن فاروقی شعر فہمی میں کمال رکھتے ہیں انھوں نے غالب کے شعروں کو جس طرح کھولا ہے وہ ناقدین کو متحیر کر دینے والا ہے۔ وہ شعر کو جدید ادبی تھیوریز کے مطابق کھولنے کی کوشش کرتے ہیں۔ یہی وجہ ہے کہ پہلے سے موجود تفہیم اور شرح میں تشنگی محسوس ہونے لگتی ہے۔ وہ شاعر بڑے خوش قسمت

ہوتے ہیں جنھیں کوئی اچھا نقاد میسر آجاتا ہے۔ مرزا غالب اس حوالے سے بڑے ہی خوش قسمت ہیں کہ انھیں شمس الرحمن فاروقی ایسا نقاد میسر آیا ہے۔ شمس الرحمن فاروقی نے اپنے مضمون "مطالعات غالب" میں جو "اوراق" میں شائع ہوا سبک ہندی اور پیروی مغرب پر سیر حاصل بحث کی ہے یہ مضمون "اوراق" کے شمارہ جنوری / فروری ۱۹۹۷ء میں شائع ہوا۔ اس میں بھی شمس الرحمن فاروقی نے تفہیم غالب کو نئے انداز میں پرکھنے کی کامیاب کوشش کی ہے۔

محمد منصور عالم لکھتے ہیں:

"فاروقی نے "تفہیم غالب" (کتاب) میں ایک خوبی یہ تو پیدا کی کہ کالی داس گپتا رضا کے دیوان غالب (کامل) سے استفادہ کر کے اپنی تفہیم کے ہر شعر کا زمانہ تحریر نقل کر دیا ہے۔"

"تفہیم غالب" میں مرزا غالب کے ۱۵۰ شعروں پر جو تفہیم و شرح لکھی ہے۔ یہ تفہیم دراصل شمس الرحمن فاروقی گاہے گاہے اپنے عہد ساز ادبی جریدے "شب خون" کے لیے لکھتے رہے، بعد ازاں ان میں ترمیم و اضافہ کر کے انھیں کتابی صورت میں پیش کر دیا۔ شمس الرحمن فاروقی نے ہر شعر جس پر قلم اٹھایا ہے اس کا زمانۂ تخلیق بھی درج کیا ہے تاکہ بحث کرتے وقت قاری کسی قسم کی الجھن کا شکار نہ ہو۔ شمس الرحمن فاروقی مشرقی تنقید کے علاوہ مغربی تنقید کے اصولوں کو بھی بخوبی سمجھتے تھے، اسی لیے انھوں نے جب غالب کے شعروں کی تشریح و تفہیم کا آغاز کیا تو انھوں نے مشرقی و مغربی دونوں تنقیدی دبستانوں کو مد نظر رکھا۔ یہی وجہ ہے کہ ان کی تشریح و تفہیم کو سر آنکھوں پر رکھا گیا۔ شمس الرحمن فاروقی کی مذکورہ کتاب کے بارے میں مظفر علی سید لکھتے ہیں:

"فاروقی کی تنقیدی فکر کی تعمیر میں امریکی نئی تنقید ساختیاتی لسانیات اور ہمارے

زمانے میں تجدید شدہ کلاسیکی بعدیعیات (ریطوریقا) کے عناصر شامل ہیں۔ اس طرح یہ کتاب قدیم و جدید شعریات کی روشنی میں غالب کے منتخب اشعار کی شرح کے طور پر سامنے آئی ہے حالانکہ فاروقی نے کم از کم بیش پیش رو شارحین غالب سے رجوع کیا ہے پھر بھی ان کی شرح ان سب سے قطعی مختلف ہے۔ غالب کے یہاں مستعمل غیر واضح اور مبہم فقروں کی توضیح کے لیے فاروقی نے معیاری لغات اور شاعرانہ اظہار و بیان کی فرہنگوں سے مدد لی ہے۔ اس تجربے نے فاروقی کے کارنامے کو نئی تنقید کے ان عام نقادوں کی کارگزاریوں کے مقابلے میں زیادہ جامع بنا دیا ہے جو ادبی متن کو محض لاشخصی اور خود مختار سمجھتے ہیں اور اسی روشنی میں اس کا تجزیہ کرتے ہیں۔"

شمس الرحمن فاروقی نے غالب کے شعروں کی جس طرح تفہیم کی ہے وہ قاری کے لیے بہت حیران کن ہے کہ وہ ایک اک لفظ کے بارے میں کئی کئی دلائل و حوالہ جات لے کر آجاتے ہیں۔ یہاں تک کہ اس لفظ کو فلاں شاعر نے اس معنی میں برتا ہے، اور غالب نے اس لفظ کو یہاں کسی اور معنی میں لے کر آئے ہیں۔ اسی طرح طباطبائی اور دیگر ناقدین کی شرحوں کو بھی ہدفِ تنقید بنایا ہے۔ شمس الرحمن فاروقی نے دوسرے ناقدین کی طرح آنکھیں بند کر کے طباطبائی اور دیگر کی شرحوں کو قبول نہیں کیا بلکہ اگر ان میں کوئی خامی دکھائی دی ہے تو وہ اس کو چھپانے کے بجائے اس پر تنقید کے نشتر بھی چلائے ہیں، اور صرف تنقید ہی نہیں کی بلکہ اس کی اصلاح بھی کرتے چلے گئے ہیں۔ یہاں تک کہ اگر غالب کے کسی شعر میں کوئی خامی یا خیال کسی استاد شاعر سے ملتا جلتا نظر آیا ہے تو شمس الرحمن فاروقی نے غالب کو بھی ہدفِ تنقید بناتے ہوئے ان کے مذکورہ شعر کے سامنے قدیم اردو اور فارسی کے متعدد شعر لا رکھتے ہیں کہ یہ وہ شعر ہیں جن کو پڑھ کے غالب نے اپنے اس شعر کی عمارت کی اساس اٹھائی ہے۔ لیکن غالب نے اسے پہلے شعرا کے مقابلے

میں بہتر انداز میں پیش کیا ہے۔ ایک مثال پیش خدمت ہے:

"آمد بہار کی ہے جو بلبل ہے نغمہ سنج
اڑتی سی اک خبر ہے زبانی طیور کی
(زمانۂ تحریر: ۱۸۵۱ئ)

اڑتی خبر کا مضمون ذوقؔ نے بھی خوب باندھا ہے۔

قفس کے لے اڑیں اس پر اسیر مضطرب تیرے
خبر گل کی سنیں اڑتی سی گر باد بہاری سے"

شمس الرحمن فاروقی ایک وسیع المطالعہ نقاد تھے ان کی نظر اردو، فارسی، عربی اور انگریزی ادبیات پر بہت گہری تھی یہی وجہ ہے کہ وہ جب شعر فہمی لکھتے ہیں تو انہیں اردو، فارسی کے ہزاروں شعر سامنے رکھنے پڑتے ہیں۔ غالب کے مذکورہ بالا شعر میں صرف ایک لفظ "اڑتی سی" کو لے کر انھوں نے ابراہیم ذوق کے شعر کو ڈھونڈ کر بطور مثال پیش کرتے ہیں۔ صرف اور صرف ایک لفظ "اڑتی سی" کو بنیاد بنا کر جو تشریح و توضیح کرتے ہیں وہ ان کے حافظے اور ذہانت کا منہ بولتا ثبوت ہے۔ "تفہیم غالب" میں ایسی کئی مثالیں موجود ہیں۔ وہ چونکہ ایک ماہر لسانیات بھی ہیں اس لیے لفظ کے زیر و بم سے کھیلنا اور لفظوں کی نشست و برخاست کے حوالے سے بحث کرنا ان کا ایک پسندیدہ مشغلہ رہا ہے۔

اس سلسلے میں ایک اور مثال پیش خدمت ہے:

"خو نے تری افسردہ کیا وحشت دل کو
معشوقی و بے حوصلگی طرفہ بلا ہے
(زمانۂ تحریر: ۱۸۱۶ئ)

طباطبائی کو لفظ "وحشت" پر اعتراض ہے کہ یہاں "خواہش" کا محل تھا، نہ کہ "

وحشت "کا۔ بات دل کو لگتی ہوئی ہے۔ شاداں بلگرامی نے اپنے قلمی حاشیے میں "وحشت دل" کی جگہ "جوش جنوں" اور "جذبہ دل" تجویز کیا ہے۔ میرا خیال ہے کہ لفظ "وحشت" کے معنی پر غور کیا جائے تو طباطبائی کا اعتراض اتنا باوزن نہیں ثابت ہوتا جتنا وہ بظاہر لگتا ہے۔ "وحشت "صفت ہے" دیوانگی" کی اور "دیوانگی" تفاعل ہے عشق کا۔ لہٰذا "وحشت دل" کے وہی معنی ہیں جو "جذبہ دل" یا "جوش جنوں" کے ہیں۔ "خواہش دل" کے مقابلے میں "وحشت دل" زیادہ پُرزور ہے۔ سہامجددی نے خوب کہا ہے کہ "وحشت دل سے دیوانہ پن کی امنگ مراد ہے...... اور سچ ہے معشوق شوخ وعاشق دیوانہ چاہیے"۔

خیال کے علاوہ انھوں نے شعروں کی لفظیات کو بھی ساختیات کے حوالے سے پرکھنے کی کامیاب کوشش کی ہے۔ وہ غالب کی

لفظیات کو نہایت جزئیات نگاری کے ساتھ دیکھتے ہیں اور پھر اردو اور فارسی ادب کو کھنگالتے چلے جاتے ہیں اگر کسی کلاسیک شاعر کے ہاں وہ لفظ پہلے برتا گیا ہے تو اس کا حوالہ بھی دیتے ہیں اور یہ بھی بتاتے ہیں کہ فلاں شاعر نے یہ لفظ جن معنوں میں لیا ہے غالب نے جب اس لفظ کو اپنے شعروں میں برتا تو اس کے معانی میں بہت زیادہ فرق موجود ہے یا پھر غالب نے اگر انھی معنوں میں لیا ہے تو غالب نے اس سے بہتر باندھنے کی کوشش کی ہے۔ شمس الرحمن فاروقی چونکہ ماہر لسانیات بھی ہیں اور ساختیات پر بھی گہری نگاہ رکھتے ہیں یہی وجہ ہے کہ وہ اس شرح کو لفظوں اور اس کے معانی کے حوالے سے بھی دیکھتے رہے ہیں۔ شمس الرحمن فاروقی نے "تفہیم غالب" لکھتے ہوئے تقریباً بیس پیش رو ناقدین کی شرحوں کو بھی سامنے رکھا۔ شمس الرحمن فاروقی کے بارے میں سید محمد ابوالخیر کشفی لکھتے ہیں:

"ادب کے بنیادی مباحث سے الجھنا تنقید کا ایک منصب اور فریضہ ہے۔ فاروقی نے

یہ کام بھی سرانجام دیا ہے مگر ان کی شعر فہمی اور شعر کے متن سے دلچسپی کو زیادہ اہمیت دیتا ہوں۔ آج کے بیشتر نقاد شعر وادب پر گفتگو کی لال ہری جھنڈیوں کی نمائش تو خوب کرتے ہیں لیکن ان سے کسی شعر کے معانی، اس کے مختلف پہلوؤں اور تہوں کی بات کی جائے تو جواب میں خاموشی ہو گی یا ماتھے پر پسینہ نظر آئے گا۔ فاروقی اس منزل سے بامراد گزرے ہیں۔"

شمس الرحمن فاروقی کی کتاب " تفہیم غالب " غالب شناسی میں ایک اہم پیش رفت ہے۔ انھوں نے غالب کے کلام کو عصر حاضر کے مطابق پرکھنے کی کوشش کی ہے پہلے سے لکھی ہوئی تمام شرحوں کو مد نظر رکھتے ہوئے جدید ادبی تھیوریز کے مطابق شرح غالب لکھ کر شمس الرحمن فاروقی نے کمال کر دیا ہے۔ غالب کو پڑھنے والوں کو چاہیے کہ وہ مذکورہ کتاب کا مطالعہ کریں اور غالب کو نئے سرے سے سمجھنے کی کوشش کریں۔ غالب دو سو سال سے اسی غالب ہیں کہ ان کے شعر عصری تقاضوں کا بھرپور ساتھ دے رہے ہیں۔ ایسے میں جدید نقاد کا میسر آنا بھیغالب شناسی میں ایک اہم سنگ میل ہے۔

***

غالب نامہ: غالب شناسی کا ایک معتبر حوالہ

احمد علی جوہر

مرزا غالب اردو زبان و ادب کے ایک عظیم شاعر ہیں۔ عالمی ادبیات میں بھی ان کا مرتبہ بہت بلند ہے۔ مرزا غالب نے جب اردو شاعری شروع کی تو ان پر مشکل پسندی کا الزام عائد کیا گیا۔ غالب نے اپنے معترضین پر خفگی کا اظہار یوں کیا۔

مشکل ہے زبس کلام میرا اے دل
ہوتے ہیں ملول اس کو سن کے سخنورانِ کامل
آساں کہنے کی کرتے ہیں اک فرمائش
گویم مشکل وگرنہ گویم مشکل
نہ ستائش کی تمنّا نہ صلے کی پرواہ
نہ سہی گر مِرے اشعار میں معنٰی نہ سہی

غالب کے بارے میں کہا جاتا ہے کہ ان کی زندگی میں ان کی شاعری کی شایانِ شان پذیرائی نہیں ہوئی، مگر غالب آپنے اشعار کی خوبیوں سے واقف تھے اور وہ اس کے پہلے بڑے قدردان تھے۔ اس لئے انھوں نے یہ پیشین گوئی کی تھی۔

شہرتِ شعرم بگیتی بعدِ من خواہد شُدن

غالب کی وفات کے بعد ان کی یہ پیشین گوئی حرف بہ حرف صحیح ثابت ہوئی۔ ان کی

شاعری کی شہرت روز بروز بڑھتی گئی اور وہ ایک مشہور و معروف شاعر کے روپ میں سامنے آئے۔ آج بھی غالبؔ عظیم اور محبوب شاعر ہیں۔ ایسا لگتا ہے کہ صدیوں بعد بھی وہ مقبول رہیں گے۔ اس کی بڑی وجہ یہ نظر آتی ہے کہ غالبؔ نے اپنی شاعری میں عام انسانی آرزوؤں، امنگوں اور خواہشوں کی ایسی مرقع کشی کی ہے اور اپنی شعری کائنات میں ایسا آئینہ خانہ سجایا ہے جس میں ہر عہد، ہر سماج اور ہر خطہ کے اہل دل کو اپنی تصویر نظر آتی ہے۔ ان کی شاعری میں ایسی کشش ہے کہ جو بھی اس کی طرف جھانکتا ہے، وہ اس پر فریفتہ ہو جاتا ہے۔ ان کی شاعری عام انسانی جذبات واحساسات کے بے حد قریب ہے۔ یہی وجہ ہے کہ اس کا مطالعہ کرتے ہوئے غالبؔ ہی کی زبان میں کہنا پڑتا ہے۔

"میں نے یہ مانا کہ گویا یہ بھی مِرے دل میں ہے"

غالبؔ کی شاعری انسانی ذہن و دل کو بے حد متاثر کرتی ہے۔ یہی وجہ ہے کہ آج صرف اُردو ہی میں نہیں بلکہ ہندی، انگریزی، فرانسیسی، ترکی، فارسی اور دیگر ہندوستانی علاقائی زبانوں میں غالبؔ مطالعہ کی توانا روایت نظر آتی ہے۔ اُردو میں غالبؔ شناسی کی ایک لمبی روایت ہے۔ اس کا باضابطہ آغاز ۱۸۹۷ء میں حالیؔ کی "یادگارِ غالبؔ" سے ہوا اور تاہنوز اس کا سلسلہ جاری ہے۔ غالبؔ شناسی کی اس طویل روایت میں چند کتابیں ایسی ہیں جو آج بھی معتبر حوالہ کی حیثیت رکھتی ہیں۔ شیخ محمد اکرام کی کتاب "غالبؔ نامہ" کا شمار ایسی ہی کتابوں میں ہوتا ہے۔

یہ کتاب صرف مرزا غالبؔ کے سوانح حیات کا خلاصہ اور ان کی تصانیف پر تبصرہ نہیں ہے، بلکہ اس میں مسلسل کوشش کی گئی ہے کہ مرزا کی شخصی خصوصیات، ان کا مافی الضمیر، ان کے ذہنی ارتقا کی نشوونما، ان کی اُفتادِ طبع اور ان کے اخلاق وعادات کی تصویر نگاہوں کے سامنے آجائے اور ان کے کلام کی منفرد خصوصیات کو اُجاگر کیا جائے۔

مرزا غالبؔ کے بارے میں کہا جاتا ہے کہ جتنا تنوّع ان کی شاعری میں ہے، اسی طرح ان کی شخصیت میں تنوّع ہے۔ غالبؔ کی شخصیت کی تشکیل اتنے موافق و متضاد عناصر سے مل کر ہوئی ہے اور ان کی شخصیت میں اتنے رنگ ہیں کہ صرف ایک دریچہ سے اس کا مشاہدہ نہیں کیا جا سکتا۔ غالبؔ کی رنگارنگ شخصیت کو دیکھنے کے لئے ان کے کلام کے ساتھ ساتھ، ان کے عہد، ماحول، ان کے احباب و تلامذہ، ان کے معاصر موافقین و مخالفین کی تحریروں اور خود غالبؔ کے مختلف بیانات پر نظر ڈالنا ضروری ہے۔ تبھی ہم پورے غالبؔ کو دیکھ سکتے ہیں۔ شیخ اکرام اس فریضہ سے بڑی خوبی سے عہدہ برآ ہوئے ہیں۔ انھوں نے غالبؔ کی زندگی اور ان کے کلام پر ان کی تحریروں اور جلوۂ خضر، آبِ حیات، یادگارِ غالبؔ اور دوسری معتبر تحریروں کے حوالے سے بھرپور روشنی ڈالی ہے۔

شیخ اکرام کی یہ کتاب دو حصّوں میں منقسم ہے۔ پہلے حصّے کا عنوان "حیاتِ غالب" ہے۔ اس میں غالبؔ کی زندگی، اس کے نشیب و فراز اور ان کی زندگی سے وابستہ اہم واقعات و حالات کو تاریخی تسلسل کے ساتھ بیان کیا گیا ہے۔ کتاب کے اس حصّے کی ترتیب میں شیخ اکرام نے سب سے زیادہ مدد غالبؔ کے ان فارسی خطوط سے لی ہے جو "پنج آہنگ" میں ہیں۔ ان خطوط کے متعلق شیخ اکرام لکھتے ہیں:

" یہ خطوط غالب کے سوانح نگار کے لے ایک بیش بہا خزانہ ہیں۔ اور کسی کتاب سے مرزا کی ان ستائیس سالوں کی کوششوں، مصیبتوں اور ان کے ماحول کا صحیح اندازہ نہیں ہو سکتا جتنا ان خطوط کے مطالعہ سے۔ ہم نے 'غالب نامہ' میں دوسرے تذکروں سے زیادہ مفصّل اور صحیح حالات لکھنے کی کوشش کی ہے۔ اور اگر ہم اس کوشش میں کامیاب ہوئے ہیں تو یہ بیشتر اسی محنت کا صلہ ہے جو ہم نے ان خطوط کے مطالعہ میں صرف کی

ہے۔"(۱)

کتاب کا یہ حصّہ تحقیقی نقطۂ نظر سے بڑا اہم ہے۔ اب تک مرزا کے سوانح کو بیان کرنے میں یا تو عقیدت سے کام لیا گیا تھا یا اس کی خامیاں ہی خامیاں گنائی گئی تھیں۔ اس کے بر عکس یہاں مرزا کے سوانح کے اچھے، بُرے دونوں پہلوؤں پر تحقیقی حوالوں سے روشنی ڈالنے کی سعی کی گئی ہے۔ کتاب کا دوسرا حصّہ "غالب نما" کے عنوان سے ہے۔ اس میں مرزا کی ادبی زندگی کو شرح و بسط کے ساتھ بیان کیا گیا ہے۔ شیخ اکرام نے مرزا غالبؔ کی ادبی زندگی کو پانچ ادوار میں تقسیم کیا ہے۔ دورِ اوّل ۱۷۹۷ء۔ ۱۸۲۱ء۔ دورِ دوم ۱۸۲۱ء۔ ۱۸۲۷ء۔ دورِ سوم ۱۸۲۷ء۔ ۱۸۴۷ء۔ دورِ چہارم ۱۸۴۷ء۔ ۱۸۵۷ء۔ دورِ پنجم ۱۸۵۷ء۔ ۱۸۶۹ء۔(۲)

مرزا کے ابتدائی دور کے کلام میں شیخ اکرام نے فارسی الفاظ و تراکیب کی کثرت، زبان کی ثقالت، مضامین و خیالات کی غرابت، شاعرانہ حسن کے فقدان، آمد کی کمی، آورد اور تصنّع کی شکایت کی ہے۔(۳) اور مثال میں درج ذیل اشعار کو پیش کیا ہے۔

پاؤں میں جب وہ حنا باندھتے ہیں میرے ہاتھوں کو جُدا باندھتے ہیں
شاید کہ مرگیا تِرا رُخسار دیکھ کر پیمانہ رات ماہ کا لبریز نُور تھا(۴)

یہاں شیخ اکرام نے "غالبؔ کی تشبیہیں اور استعارے" کے عنوان کے تحت اس بات کی وضاحت بھی کی ہے کہ غالبؔ کے اس دور کے کلام میں تشبیہوں کی افراط تھی۔ یہ تشبیہیں نئی ضرور تھیں مگر ان میں غرابت تھی۔ شیخ اکرام نے یہاں اس حقیقت سے بھی پردہ اُٹھایا ہے کہ دہلی آمد کے بعد غالبؔ کے کلام میں بڑی تیزی سے تبدیلی رُونما ہو رہی تھی۔ یہی وجہ ہے کہ ابتدائی دور میں بھی ان کے یہاں کئی خوبصورت غزلیں ملتی ہیں۔

حُسن غمزے کی کشاکش سے چھٹا میرے بعد
بارے آرام سے ہیں اہلِ جفا میرے بعد
درد سے میرے ہے تجھکو بیقراری ہائے ہائے
کیا ہوئی ظالم تری غفلت شعاری ہائے ہائے

مرزا غالبؔ کے دوسرے دَور کی شاعری کی نسبت شیخ اکرام لکھتے ہیں:

"دوسرے دور میں آئینہ طبیعت کا رنگ صاف ہو گیا ہے۔ فارسی ترکیبیں کم ہیں۔ اور خیالات بھی صاف اور خوشگوار ہیں۔ کلام میں بیدلؔ اور صائبؔ کے بجائے عرفیؔ اور نظیریؔ کا رنگ غالب ہے۔ تشبیہیں نیچرل اور موزوں ہیں۔ مضامین خیالی کے بجائے حالی ہیں۔ اور اظہارِ خیالات مں خلوص نمایاں ہے۔ مضامین کے نقطۂ نظر سے اس دور کی اہم ترین خصوصیت نفسیات انسانی کے متعلق شاعر کی معلومات ہیں۔"(۵)

اس دور کا رنگِ شاعری ملاحظہ ہو۔

مُدّت ہوئی ہے یار کو مہماں کئے ہوئے
جوشِ قدح سے بزمِ چراغاں کئے ہوئے
ہاں وہ نہیں خدا پرست جاؤ وہ بے وفا سہی
جس کو ہو دین و دل عزیز اس کی گلی میں جائے کیوں

اس دور میں مرزا غالبؔ نے اپنے بہت سے اشعار میں الفاظ و تراکیب میں ترمیم کی۔ اس حک و اضافہ سے ان کے کئی اشعار بے حد دلچسپ ہو گئے۔ مثلاً:

بُوئے گُل، نالۂ دل، دُودِ چراغ محفل جو تری بزم سے نکلا سو پریشان نکلا

اس کا پہلا مصرعہ یوں تھا۔ "عشرت ایجاد چہ بُوئے گُل و کُو دودِ چراغ"

مرزا کے تیسرے دور کو شیخ اکرام نے عام طور پر فارسی شاعری کا دور بتایا ہے۔ اور

لکھا ہے۔

"قیام کلکتہ کے زمانے میں اور اس کے بعد ایک عرصے تک مرزا نے فارسی اشعار زیادہ لکھے۔ اور اُردو اشعار کم۔ اس لئے ۱۸۲۷ء یا اس سے کچھ عرصہ بعد سے لے کر ۱۸۴۷ء تک مرزا کی اصل ادبی زبان فارسی سمجھی جاتی ہے۔"(٦)

چوتھے دور کو شیخ اکرام نے درباری شاعری کا دور بتایا ہے۔ اس دور میں مرزا نے چند قصائد اور زیادہ تر غزلیں کہیں۔ غزلوں کی زبان سادہ اور آسان ہے اور تشبیہیں اور فارسی ترکیبیں کم ہیں۔ اس دور میں غالبؔ کے یہاں کئی ایسی غزلیں ملتی ہیں جو ان کے عام معیارِ شاعری پر پوری نہیں اترتیں۔

واعظ نہ تم پیو نہ کسی کو پلا سکو
کیا بات ہے تمہاری شرابِ طہُور کی
آمد بہار کی ہے جو بُلبل ہے نغمہ سنج
اڑتی سی اک خبر ہے زبانی طیوُر کی

اس دور میں مرزا کے یہاں صرف عام سی غزلیں نہیں ملتیں، بلکہ بہت اچھی غزلیں بھی نظر آتی ہیں۔

سب کہاں کچھ لالہ و گل میں نمایاں ہو گئیں
خاک میں کیا صورتیں ہوں گی کہ پنہاں ہو گئیں
دل ہی تو ہے نہ سنگ و خشت، درد سے بھر نہ آئے کیوں
روئیں گے ہم ہزار بار کوئی ہمیں ستائے کیوں

اس دور کی شاعری کی امتیازی صفت زبان کی سلاست اور خیالات کی سادگی کے علاوہ شوخی اور ظرافت ہے۔

حُسن میں حُور سے بڑھ کر نہیں ہونے کے کبھی

آپ کا شیوہ و انداز و ادا اور سہی

مرزا غالبؔ کی ادبی زندگی کا پانچواں دور شیخ اکرام کے مطابق غدر کے بعد کا دور ہے۔ اس دور میں مرزا نے اُردو کی بہ نسبت فارسی اشعار زیادہ کہے ہیں۔ شیخ اکرام نے مرزا کے پانچویں دور کی "بہترین یادگاران کے اردو خطوط" کو بتایا ہے۔

یہاں شیخ اکرام نے غالبؔ کی ادبی زندگی کو مختلف ادوار میں تقسیم کر کے، ان مختلف دوروں کی ادبی خصوصیات پر جس تنقدنی انداز سے روشنی ڈالی ہے، اس سے ان کے معروضی انداز اور تجزیاتی ذہن کا ثبوت ملتا ہے۔ اس کی بھرپور جھلک موازنہ میں بھی نظر آتی ہے۔ "غالب اور مشاہیر اُردو شعرا کا موازنہ" کے عنوان کے تحت شیخ اکرام نے غالبؔ کا موازنہ خسروؔ، فیضیؔ اور اقبالؔ سے کیا ہے۔ عام طور پر موازنہ میں یہ دیکھنے کو ملتا ہے کہ دو شاعروں کے درمیان سطحی مشابہتوں پر نظر ڈال کر موازنہ کر دیا جاتا ہے۔ شیخ اکرام کے یہاں یہ رویّہ نظر نہں آتا۔ وہ دو شاعروں کے درمیان موازنہ کرتے ہوئے پہلے شاعر کے عہد، ماحول اور ادبی روایات کا جائزہ لے تی ہیں۔ پھر فکر و خیال، زبان و بیان اور اسلوب کی سطح پر دونوں شاعروں کے درمیان افتراق و مماثلت کے پہلوؤں کو تلاش کرتے ہیں۔ اس طرح سے وہ موازنہ کا ایک خوبصورت معیار قائم کرتے ہیں۔ دیکھئے درج ذیل اقتباس میں شیخ اکرام نے غالبؔ کا موازنہ خسروؔ سے کیا ہے۔

"غالبؔ اور خسروؔ کے طرز الگ الگ تھے۔ خسروؔ سادہ اور پُر اثر اشعار پسند کرتے تھے۔ اور مرزا اس زمانے میں پیدا ہوئے جب مشکل گوئی کا رواج ہو گیا تھا۔۔۔۔۔۔ خسروؔ نے کئی بلند پایہ مثنویاں لکھی ہیں۔ اور مثنوی نگاری میں ان کا مرتبہ غالبؔ سے بلند ہے۔ لیکن قصیدہ نویسی میں شاید مرزا امیر خسرو سے آگے نکل گئے ہیں۔ خسروؔ کے کئی

قصیدے با اثر ہیں۔ اور طرح طرح کی صنعتوں سے مرصّع ہیں، لیکن ان میں وہ رفعتِ تخیّل اور حکیمانہ خیالات نہیں جو مرزا کے قصائد میں ہیں۔"(۷)

کتاب کے اس حصّے میں شیخ اکرام نے 'غالبؔ کے اُردو خطوط' کا فکری و فنی جائزہ لیتے ہوئے اردو نثر میں اس کے مقام و مرتبہ کے تعین کی کوشش کی ہے۔ اس کے علاوہ 'عام تبصرہ' کے ذیلی عنوانات 'غالبؔ کی مقبولیت کے اسباب'، 'اعتراضات'، 'نیچرل شاعری'، 'غالبؔ کی عشقیہ شاعری'، 'غالبؔ کا فلسفہ'، 'مرزا غالبؔ کا مذہب'، 'غالبؔ اور وطنیت'، 'مغلیہ تہذیب و تمدّن کا ترجمان' اور مرزا غالبؔ کی شخصیت' کے تحت انھوں نے بڑی معنی خیز گفتگو کی ہے اور اپنی تنقیدی مہارت کا ثبوت پیش کیا ہے۔ ان کے یہاں عموماً جو تنقیدی رویّہ نظر آتا ہے، اسے نفسیاتی تنقید سے موسوم کیا جاتا ہے۔ ان کے یہاں مشرقی اور مغربی اندازِ نقد بھی پایا جاتا ہے۔ کہیں کہیں تاثراتی تنقید کے نقوش بھی دیکھنے کو ملتے ہیں۔ ذیل کا اقتباس ملاحظہ ہو۔

"شاہجہاں کا تاج محل اور غالبؔ کی شاعری، فن کی دو مختلف اصناف کے شاہکار ہیں۔ لیکن دونوں کی تہہ میں ایک ہی رُوح کار فرما ہے۔ تخیل کی سربلندی و لطافت، تلاشِ حسن اور فنی پختگی دونوں میں معراج کمال پر ہے۔"(۸)

شیخ اکرام کی تنقید عیوب سے پاک نہیں کہی جاسکتی لیکن اس کے باوجود ان کا غیر جانبدارانہ نقطۂ نظر، ان کا محتاط رویّہ اور متوازن انداز ان کی تنقید کو معیار و وقار عطا کرتا ہے اور انہیں ایک اہم ناقد کی شکل میں سامنے لاتا ہے۔ شیخ اکرام کی اس کتاب میں بیک وقت کئی فن جمع ہو گئے ہیں۔ اس میں فن سوانح بھی ہے اور تحقیق و تنقید، تجزیہ و تبصرہ بھی۔ اس کتاب میں شیخ محمد اکرام مرزا غالبؔ کے سوانح نگار، محقق اور ناقد کے روپ میں سامنے آئے ہیں۔ غالبؔ مطالعہ میں اس کتاب کی اس اعتبار سے بڑی اہمیت ہے کہ پہلی بار

اس کتاب نے بے جا مدح و تنقیص سے گُریز کرتے ہوئے منطقی واستدلالی بنیادوں پر غالبؔ کے افہام و تفہیم کی راہ ہموار کی۔ اس کتاب کے بارے میں علی جواد زیدی کی رائے ہے۔

"حالیؔ کی یاد گار (۱۸۹۷ء) کے بعد 'غالب نامہ 'پہلی کتاب ہے جو حیاتِ غالب کو نئے بسط و شرح کے ساتھ موضوعِ گفتگو بناتی ہے۔ جہاں تک تنقید کا تعلق ہے، بجنوری کی عقیدت مندانہ افراط کے بعد یہ متوازن نقطۂ نظر اپنانے کی کوشش کرتی ہے۔۔۔۔۔۔ تنقیدی سطح پر حالیؔ کے علاوہ عبد الرحمٰن بجنوری کی عقیدت کے جوش و وفورِ جذبات کا سامنا تھا۔۔۔۔۔ اس کے بر عکس مغربی معیاروں ہی کی ڈھال تیار کر کے عبد الطیف نے ایک غیر متوازن منفیانہ رجحان اپنا لیا تھا۔ اکرام نے ان دونوں کے مقابلے میں فکر غالب کی تفہیم و تشریح کے لے وکچھ نئے زاویے اپنائے۔۔۔۔ ان کی تنقید ایک تہذیب یافتہ ذہن کی پروردہ ہے اور شاعر کے فکر و فن کو خارجی اور داخلی عوامل کے پس منظر میں پرکھتی ہے۔"(۹)

گیان چند جین نے اس کتاب کو 'یاد گارِ غالب' کے بعد غالب کے سوانح کی تحقیق اور ان کی تصانیف کی تنقید کے لئے بڑی اہم کتاب بتایا ہے۔ وہ لکھتے ہیں:

"انھوں نے غالبؔ کی شاعری پر عام تبصرہ کیا، جو کتاب کا سب سے اہم حصہ ہے۔۔۔۔ غالبؔ اور وطنیت کی بحث میں اکرام کی متوازن رائے ہے کہ غالبؔ جدید مفہوم میں وطن پرست نہ تھے۔ آخری اہم چیز جس کی طرف انھوں نے توجہ دلائی غالبؔ اور مغلیہ ذہنیت کی ترجمانی ہے۔ اکرام کے نزدیک مغل نفاست پسندی، خوش معاشی، عیش کوشی اور ہموار طبعی کے قائل ہوتے ہیں اور غالبؔ ان اقدار کے بہترین ترجمان تھے۔ اسی طرح اکرام نے غالبؔ کی شخصیت اور نفسیات کا وسیع پیمانے پر جائزہ لیا۔

بحیثیت مجموعی اکرام کے جائزے سے ہر جگہ تشفی ہوتی ہے۔"(۱۰)

آج اگرچہ غالبؔ مطالعہ کی نئی نئی جہتیں سامنے آچکی ہیں اور نئے زاویوں سے کلامِ غالبؔ کے معنوی ابعاد کو اُجاگر کرنے کی سعی کی جارہی ہے، اس کے باوجود 'غالب نامہ' کی اہمّیت کم نہیں ہوتی۔ غالبؔ اور ان کے کلام سے متعلق بہت سے نکات و جہات کو سامنے لانے میں 'غالب نامہ' کو امیازی حیثیت حاصل ہے۔ آج بھی غالب شناسی میں یہ کتاب معتبر اساس کی حیثیت رکھتی ہے۔

☆☆

حواشی

(۱) شیخ محمد اکرام، غالب نامہ، ص، ۹۲۔

(۲) ایضاً، ص، ۲۱۰۔

(۳) ایضاً، ص، ۲۱۱۔

(۴) ایضاً

(۵) ایضاً، ص، ۲۱۹۔

(۶) ایضاً، ص، ۲۳۲۔

(۷) ایضاً، ص، ۴۵، ۳۴۴۔

(۸) ایضاً، ص، ۱۷۔

(۹) علی جواد زیدی: شیخ محمد اکرام کا دائرۂ تحقیق، مشمولہ غالب نامہ ۱۹۸۹ء دہلی: غالب انسٹی ٹیوٹ، ص ۱۷ تا ۱۹۔

(۱۰) گیان چند جین: غالب کے نقاد، رموزِ غالب فروری ۱۹۶۷ء دہلی: مکتبہ جامعہ لمیٹیڈ، ص ۳۱۹، ۳۲۰۔

***

"غالب شناسی کی تکون" مختصر جائزہ

کومل شہزادی

پوچھتے ہیں وہ کہ غالب کون ہے؟
کوئی بتلاو کہ ہم بتلائیں کیا؟

غالب ہمارے ادب کے ان خوش قسمت مشاہیر میں سے ایک ہیں جن کی شاعری، شخصیت اور ادبی کارناموں پر بہت کچھ لکھا گیا ہے۔نہ فقط ذی علم حضرات بلکہ معمولی اردو جاننے والے بھی میرزا کی شخصیت اور کلام سے دلچسپی رکھتے ہیں۔غالب کے بارے میں اس وقت تک بہت کچھ لکھا جا چکا ہے اور یہ سلسلہ جاری وساری رہے گا۔لوگ غالب کے کلام کے نئے نئے گوشوں کو متعارف کروائیں گے۔مرزا غالب کی شخصیت جس طرح جاذب توجہ ہے اسی طرح ان کی شاعری قابل مطالعہ ہے۔اگرچہ غالب کی وفات پر ایک سو سال سے زیادہ عرصہ گزرا لیکن اب تک جتنا کچھ ان پر لکھا گیا ہے وہ علامہ اقبال کے علاوہ کسی اور پر نہیں۔اقبال شناسی کی طرح غالب شناسی کی روایت بھی اب بین الاقوامی دستور عمل بن چکی ہے۔اقبال بیسویں صدی کا تو غالب انیسویں صدی کا اردو کا بلاشبہ سب سے بڑا شاعر ہے۔

زیر نظر کتاب "غالب شناسی کی تکون" جو یوسف نون صاحب کا ایم فل کا مقالہ ہے جو محترم ڈاکٹر قاضی عابد کی زیر نگرانی میں مکمل کیا گیا اور اسے کتابی شکل میں ۲۰۲۰ میں

فکشن ہاؤس سے شائع کیا گیا جو تین سو تیرا صفحات پر مشتمل ہے۔ نگران مقالہ ڈاکٹر عابد اور دیگر اساتذہ کرام کی علمی، فکری اور تکنیکی رہنمائی سے پیش از پیش کسبِ فیض کیا ہے۔ یوسف نون نے ایک محنتی طالب علم کی حیثیت سے بہت اچھی سعی کی ہے۔ انہوں نے اس پراجیکٹ کے دوران ایک سنجیدہ ریسرچ سکالر کے طور پر اپنی پہچان قائم کی۔ ان کے اس تحقیقی کام کو جو کتابی شکل میں آچکی ہے اسے بہت سراہا گیا ہے۔ اپنی تحقیق کے علمی اور تنقیدی ثمرات کو زیر کتاب میں یکجا کر دیا ہے۔ کتاب کے ایک ایک ورق سے ظاہر ہوتا ہے کہ مصنف نے عمدہ تحقیقی کام کو سامنے لایا ہے کتاب میں تین اہم ادبی شخصیات جن میں گوپی چند نارنگ، شمس الرحمن فاروقی اور اسلم انصاری کا تذکرہ غالب شناسی کے حوالے سے کیا گیا ہے۔ مصنف نے تینوں شخصیات کا الگ الگ جائزہ پیش کیا ہے۔

اول انہوں نے گوپی چند اور غالب شناسی کا تذکرہ کیا ہے۔ گوپی چند نارنگ کو عہد حاضر میں صفِ اول کا اردو نقاد، محقق اور ادیب گردانا جاتا ہے۔ غالب کے سلسلے میں ان کی رائے کو مصنف کچھ یوں بیان کرتے ہیں:

"گوپی چند نارنگ نے غالب کی نئی تعبیر پیش کی ہے جس سے واضح دکھائی دیتا ہے کہ غالب تفاعل نفی سے سامنے کی بات کو گھما کر اس طرح پیش کرتے ہیں کہ وہ حرکت میں آجاتی ہے اور گھومنے لگتی ہے جس سے معنی در معنی سے کئی پہلوعیاں ہوتے ہیں۔"

دوسری جس شخصیت کا ذکر کیا ہے وہ شمس الرحمن فاروقی ہیں جن کی شخصیت کسی تعارف کی محتاج نہیں ہے۔ اردوادب میں ایک اہم مقام رکھتے ہیں۔ تنقید میں ایک معتبر نام ہے۔ علاوہ ازیں شمس الرحمن فاروقی غالب شناسی میں میں بھی منفرد مقام رکھتے ہیں۔ شمس الرحمن فاروقی کی غالب شناسی کے حوالے سے فکروخیال کو یوسف نون لکھتے

ہیں:

"شمس الرحمن فاروقی "غالب اور جدید ذہن" میں غالب کو جدید ذہن اور ان کی شاعری کو بڑی شاعری قرار دیتے ہیں۔ بڑی شاعری کیا ہوتی ہے ؟ بڑی شاعری وہ ہوتی ہے جو ہر زمانے کا ساتھ دے، جس کے پرستار اس شاعری کی بڑائی کی وجہیں تلاش کرتے ہیں تو وہ ہر دور میں مختلف دریافت ہوتی ہیں۔ فاروقی ہر بڑی شاعری کو آئندہ اور موجودہ ہر دور سے مربوط اور اس کے تقاضوں کی مرہون منت قرار دیتے ہیں، وہیں تنقید کے عمل کو مخصوص فکری رجحانات کی پیداوار بھی قرار دیتے ہیں۔"

تیسری جس شخصیت کا تذکرہ ہے وہ اسلم انصاری ہیں۔ دانشور و عظیم شاعر اور نقاد ڈاکٹر اسلم انصاری اقبال شناسی ہونے کے ساتھ ساتھ غالب شناس بھی ہیں۔ ڈاکٹر اسلم انصاری کے تنقیدی زاویے کے متعلق مصنف لکھتے ہیں:

"اسلم انصاری، غالب کو ماورائیت اور مابعد الطبیعات میں دیکھتے اور پاتے ہیں۔ وہ غالب اور ان کے سماج کی تشنہ کامی کے باعث پیدا ہونے والی آرزو، کوشش اور تلاش و جستجو کو مابعد الطبیعاتی کوشش کا نام دیا ہے۔ غالب کی فکر جو چاہتی اور سوچتی تھی وہ اس دور اور معاشرے میں ممکن نہ تھا۔"

مصنف نے تینوں غالب شناسوں کے فکری زاویے کو الگ الگ بیان کیا ہے اور اس کے مطالعہ کے بعد ہم دیکھ سکتے ہیں کہ ان تینوں غالب شناسوں کا فکر و عمل الگ الگ ہے۔ تینوں نے اپنے انداز سے غالب کو پرکھا اور پیش کیا ہے۔ ہر باب کے آخر میں حوالہ جات کو بہت تفصیلی انداز میں بیان کیا گیا ہے۔ اور تینوں غالب شناسوں (گوپی چند نارنگ، شمس الرحمن فاروقی، اسلم انصاری) کے مختصر تعارف کو بھی حوالہ جات میں تحریر کر دیا گیا ہے تاکہ قاری کو کوئی دقت پیش نہ آئے۔ زیر نظر کتاب کا اسلوب بھی قابل

تحسین ہے۔ اس اسلوب میں عالمانہ اور محققانہ رنگ موجود ہے۔ اور غالب شناسی میں یہ کتاب ایک قابلِ قدر اضافہ ثابت ہو گا۔

اس کتاب کے مطالعہ سے قاری غالب شناسی سے کماحقہ آگاہی حاصل کر سکتا ہے۔ طالب علموں کے ساتھ ساتھ یہ کتاب اساتذہ حضرات کے لیے بھی ضرورت کی کتاب بن جائے گی کیونکہ غالب شناسی کے حوالے سے عمدہ کام کیا گیا ہے۔ مزید بر آں سکالرز کے لیے یہ کتاب کسی خزانے سے کم نہیں ہے۔ المختصر، یوسف نون کی اس کتاب کے مطالعے کے بعد اگر کہا جائے کہ یہ نئے نقاد ہیں تو بے جا نہ ہو گا۔ اُمید ہے یوسف نون صاحب آئندہ بھی اسی محنت، جستجو اور صلاحیت کے ساتھ علمی و تحقیقی کام جاری رکھیں گے۔ اللہ کرے زورِ قلم اور زیادہ۔

***

غالبؔ کے پنشن کا قضیہ : ایک تحقیقی و تنقیدی جائزہ

مشتاق فاروق

غالبؔ نے پینشن کی بحالی کے لیے کلکتے کا سفر کیا تھا۔ اس دوران غالبؔ کو کن مصائب و مشکلات کا سامنا ہوا اس پر اردو کے کئی اہم اور نامور محققین و ناقدین نے پوری وضاحت کے ساتھ روشنی ڈالی ہے۔ غالبؔ کے پینشن کا قضیہ بیان کرتے ہوئے اردو کے کئی محققین نے لکھا ہے کہ غالبؔ کے چچا نصر اللہ بیگ انگریزی فوج میں ملازم تھے۔ انہیں انگریزی حکومت کی طرف سے کچھ جاگیر دی گئی تھی۔ لیکن ان کی وفات کے بعد لارڈ لیک نے یہ جاگیر واپس لی اور ان کے اہل خانہ کے لیے پینشن مقرر کر دی۔ پینشن کی رقم سالانہ دس ہزار تھی۔ اس کی تصدیق مالک رام، خلیق انجم اور حنیف نقوی کے بیان سے بھی ہو جاتی ہے۔ جس دوران یہ واقع پیش آیا۔ اس وقت غالبؔ کی عمر دس سال تھی اور ان کے چھوٹے بھائی مرزا یوسف کی عمر ساتھ سال۔ انگریزی حکومت کی طرف سے ملنے والی پینشن نواب احمد بخش خاں نے دس ہزار سے گھٹا کر پانچ ہزار کر دی۔ اس کے علاوہ نصر اللہ بیگ کے اہل خانہ میں ایک ملازم خواجہ حاجی کو بھی شامل کر لیا۔ مالک رام نے ـــ"ذکر غالب" میں لکھا ہے کہ انہیں نواب احمد بخش خاں کی سفارش پر انگریزی حکومت کی طرف سے پینشن بحال ہوئی تھی۔ جس کی تقسیم کچھ اس طرح ہوئی۔

"خواجہ حاجی دو ہزار روپے سالانہ، مرزا نصر اللہ بیگ خاں کی والدہ اور تین بہنیں ڈیڑھ ہزار روپے سالانہ، غالبؔ اور ان کے بھائی مرزا یوسف ڈیڑھ ہزار روپے سالانہ۔"

غالبؔ نے جب ہوش سنبھالا تو انہیں نواب احمد بخش خاں کی ناانصافی کا علم ہوا اور انہوں نے نواب احمد بخش خاں کے نام ایک خط تحریر کیا ہے جس میں انہوں نے انصاف کا مطالبہ کیا۔ جواب میں نواب احمد بخش خاں وعدہ کرتے رہے۔ لیکن عملی طور پر انہوں نے کبھی کوئی اقدام نہیں اٹھائے۔ ایک وعدہ یہ بھی کیا گیا تھا کہ جب خواجہ حاجی انتقال کر جائیں گے تو انہیں ملنی والی پینشن بھی غالبؔ کو دی جائے گی۔ لیکن ان کے انتقال کے بعد ان کو ملنے والی پینشن ان کے دواولاد کو ملنی شروع ہوگئی۔ غصے میں آکر غالبؔ نواب بخش کے پاس فیروزپور ملنے گئے۔ وہاں غالبؔ نے نواب بخش سے مطالبہ کیا کہ چوں کہ اب خواجہ حاجی انتقال کر گئے۔ لہٰذا مجھے اب اپنا حق دیا جائے۔ لیکن غالبؔ کو اس بارے میں کوئی کامیابی حاصل نہ ہو سکی۔ اس بات کی پوری وضاحت حنیف نقوی نے اپنی کتاب "غالبؔ احوال و آثار" اور خلیق انجم نے اپنی کتاب "غالبؔ کا سفر کلکتہ اور کلکتے کا ادبی معرکہ" میں کی ہے۔

چناں چہ ۱۵ جولائی ۱۸۲۵ء کو دہلی کے ریذیڈنٹ اختر لونی کا انتقال ہوگیا اور ۲۶ اگست ۱۸۲۵ء کو ان کی جگہ سر چارلس مٹکاف کا انتخاب کیا گیا۔ غالبؔ کی پوری کوشش تھی کہ وہ اپنی شکایت ریذیڈنٹ چارلس مٹکاف تک پہنچائے۔ انہوں نے منصوبہ بنایا کہ وہ نواب احمد بخش کو بیچ میں ڈالے بغیر براہ راست مٹکاف سے بات کریں گے۔ غالبؔ جب چارلس مٹکاف سے ملاقات کے لیے کان پور پہنچ گئے تو مٹکاف سے ان کی ملاقات نہیں ہو پائی۔ کیوں کہ اول تو ان کی صحت خراب ہوگئی دوسری بات اسی دوران بھرت پور کا معاملہ پیش آیا۔

غالبؔ کے سفر کلکتہ کی یہ پوری روداد حنیف نقوی اور خلیق انجمؔ نے اپنی تصانیف میں لکھی ہے۔ چوں کہ کان پور میں غالبؔ کو کوئی مناسب طبیب نہ مل سکا۔ لہٰذا انہوں نے دریا گنگا پار کر کے لکھنؤ کی راہ اختیار کرلی۔ لکھنؤ میں غالبؔ نے پانچ مہینے اور چند روز قیام کیا۔ یہاں سے غالبؔ خلیق انجمؔ کے مطابق ۲۶ ذیعقدہ ۱۲۹۰ھ مطابق ۲۱ جون ۱۸۲۷ بروز جمعہ روانہ ہوئے۔ اور چوتھے چن کان پور پہنچ گئے۔ یہاں کچھ دن آرام کرنے کے بعد کلکتے کے ارادے سے باندہ روانہ ہوئے۔ خلیق انجمؔ کے بقول غالبؔ نے اس وقت کلکتہ جانے کا ارادہ کرلیا تھا جب وہ لکھنؤ میں چارلس مٹکاف سے ملاقات کرنے میں ناکام ہوئے تھے۔

غالبؔ کے سفر کلکتے کی روداد بیان کرتے ہوئے محققین لکھتے ہیں کہ جب غالبؔ نے لکھنؤ سے کلکتے کے سفر کا ارادہ کیا۔ تو انہیں اس بات کی پوری توقع تھی کہ معتمد الدولہ اور شاہِ اودھ سے انہیں انعام و اکرام کی صورت میں اتنی رقم ضرور موصول ہو گی جو انہیں چاہیے ہو گی۔ لیکن ایسا نہ ہو سکا۔ اب غالبؔ نے لکھنؤ سے کان پور اور کان پور سے باندہ جانے کا تہیہ کرلیا۔ خلیق انجمؔ نے نواب انورالدولہ سعد الدین خاں شفیق کے نام غالبؔ کے ایک خط کے حوالے سے لکھا ہے کہ غالبؔ کو اس بات کی پوری امید تھی کہ باندہ میں نواب ذوالفقار علی بہادر ان کا علاج و معالجہ کرائیں گے۔ علاوہ ازیں کلکتے کے سفر کے لیے اخراجات کا انتظام بھی یہیں سے ہو جائے گا۔ غالبؔ جب باندہ پہنچے تو ان کی طبیعت بہت خراب تھی۔ نواب ذوالفقار علی بہادر نے ان کا علاج و معالجہ کرایا۔ اس بات کی تصدیق غالبؔ اپنے الفاظ میں یوں کرتے ہیں:۔

"اللہ کے فضل اور نواب صاحب کی توجہ اور تیمارداری کی بدولت مجھے اس خطرناک بیماری سے شفا حاصل ہوئی۔"

بعض محققین کے قیاس کے مطابق غالبؔ کو "بوالدم" کی بیماری تھی۔ اس میں پیشاب کے ساتھ ساتھ قطرہ قطرہ خان بھی آتا ہے۔ جس سے بے حد سوزش اور جلن کا احساس ہوتا ہے۔

باندھ میں چھ مہینے گذر جانے کے بعد غالبؔ نے ذوالفقار علی کے مہاجن امی کرن سے دو ہزار روپے لے کر کلکتے کے سفر کے لیے روانہ ہوئے۔ یہاں سے غالبؔ الہ آباد پہنچے۔ الہ آباد میں غالبؔ نے محض چوبیس گھنٹے قیام کیا۔ یہاں سے روانہ ہونے کے بعد غالبؔ بنارس پہنچ گئے۔ بقول خلیق انجمؔ:

"غالبؔ کے لیے شہر بنارس کی حیثیت اس نخلستان کی تھی۔ جو تپتے ہوئے ریگستان میں طویل سفر کے بعد مسافر کے لیے فردوس بریں کا درجہ رکھتی ہو۔ جس کا ٹھنڈا پانی، ٹھنڈی ہوائیں اور درختوں کی حیات بخش چھاؤں جسم اور روح کے جلتے ہوئے زخموں پر مرہم کا کام کرتی ہو۔ کیوں کہ بنارس پہنچتے ہی غالبؔ کو طویل بیماری سے نجات مل گئی۔ بنارس میں غالبؔ نے تقریباً چار ہفتے قیام کیا۔"

اسی انتہائی تکلیف دہ سفر کی دین غالبؔ کی مثنوی "چراغ دیر" ہے۔ اس مثنوی کا شمار ہندوستان کے فارسی ادب کے اعلیٰ شہ پاروں میں کیا جاتا ہے۔ خلیق انجمؔ کے مطابق اس مثنوی کے بارے میں کہا جاتا ہے کہ شاید ہی کسی اور نے بنارس شہر کو غالبؔ سے بہتر خراج تحسین پیش کیا ہو۔ غالبؔ اپنے عزیزوں، دوستوں اور شہر دلی کے لیے کیسے تڑپ اٹھتے تھے۔ اس کا مکمل اظہار اس مثنوی میں کیا گیا ہے۔

محققین غالبؔ نے غالبؔ کی پینشن کے معاملات پر اتنا کچھ تحریر کیا ہے کہ اگر اسے ترتیب دیا جائے تو وہ ہزاروں صفحات پر مشتمل ہو گا۔ لیکن اس سلسلے کی سب سے اہم دستاویز خود غالبؔ کی وہ درخواست ہے۔ جو انہوں نے کلکتہ پہنچ کر ۲۸ مئی ۱۸۲۸ کو

حکومت کے سامنے پیش کی تھی۔ یہ درخواست انڈیا آفس لائبریری میں محفوظ ہے۔ اس سلسلے کے سب سے اہم کارناموں میں مالک رام کا ایک کارنامہ اس دستاویز کی دریافت ہے۔ جو انگریزی میں ہے اور مالک رام نے اس کا ترجمہ اردو میں کر کے ماہنامہ " افکار" کراچی، سے مارچ ۱۹۶۹ میں صفحہ نمبر ۴۶ تا ۵۴ میں شائع کیا ہے۔ اس ترجمے کو بعد میں انہوں نے اپنے مضامین کے مجموعے "فسانۂ غالبؔ" میں شامل کیا ہے۔ اسی سلسلے کی ایک اہم دستاویز مرزا افضل بیگ کی ہے۔ جو انہوں نے غالبؔ کی درخواست کے جواب میں ۸ مارچ ۱۸۳۰ء میں حکومت کے سامنے پیش کی تھی۔ اس درخواست میں انہوں نے غالبؔ کے خلاف دعویٰ کیا تھا کہ غالبؔ نے حاجی صاحب کے صاحب زادوں کی حق تلفی کی ہے۔

۲ مئی ۱۸۲۸ء کو جب غالبؔ نے اپنی درخواست حکومت کے سامنے پیش کی تو سرکاری افسروں نے غالبؔ کو آگاہ کیا کہ انہوں نے یہاں آکر غلطی کی ہے۔ کیوں کہ سرکاری اصول کے مطابق غالبؔ کو چاہیے تھا کہ وہ اپنی درخواست دہلی کے ریذیڈنٹ کول بروک کے سامنے پیش کریں۔ اسی کی رپورٹ پر کلکتہ میں مناسب کاروائی کی جاتی۔ باوجود اس کے غالبؔ نے دہلی کے ریذیڈنٹ کے بجائے براہِ راست کلکتہ میں اپنی درخوست دائر کی۔ باوجود اس کے کہ غالبؔ کی درخواست کو اصول کے مطابق رد کیا جاتا سائمن نے غالبؔ کی عرض داشت لے کر رکھ لی اور غالبؔ کو خیال ہوا کہ انہوں نے دہلی کے ریذیڈنٹ کے ذریعے درخواست نہ بھیجنے کی جو غلطی کی تھی، اسے نظر انداز کر دیا گیا۔

اس وقت کلکتے میں اینڈر یو زاسٹر لنگ نامی ایک اور آفیسر تھے۔ یہ کونسل میں بہت اعلیٰ عہدے پر فائز تھے۔ سائمن فریزر انہی کے ماتحت تھے۔ اسٹرلنگ ہی طے کرتے

تھے کہ کس مقدمے کو کونسل بھیجا جائے اور کس مقدمے کو بنیادی مرحلے پر ہی رد کیا جائے۔ اسٹرلنگ سے غالبؔ کی ملاقات کے بارے میں خلیق انجمؔ لکھتے ہیں:۔

"غالبؔ نے ان سے اپنی ملاقات کے بارے میں جو کچھ لکھا ہے، اس سے اندازہ ہوتا ہے کہ اسٹرلنگ کی گفتگو سے وہ اپنے مقدمے کے سلسلے میں بہت پر امید ہو گئے تھے۔ اسٹرلنگ کو غالبؔ سے ہمدردی تھی۔ لیکن وہ اصول و ضوابط کے سامنے معذور تھے۔ قائد کے مطابق اسٹرلنگ نے عرض داشت پر لکھا تھا کہ عرض داشت پہلے دہلی کے ریذیڈنٹ کے سامنے پیش کی جانی چاہیے تھی اور پھر وہاں سے ان کے پاس آنی چاہیے۔"

غالبؔ نے جب یہ سنا کہ اراکین نے ان کے مقدمے کو اس شرط پر قبول کر لیا ہے۔ کہ عرض داشت دہلی کے ریذیڈنٹ کی معرفت سے آنی چاہیے۔ تو غالبؔ کے لیے یہ ممکن نہیں تھا۔ کیوں کہ اول تو مالی اعتبار سے غالبؔ اس لائق نہیں تھے کہ وہ دہلی جاتے۔ دوسری بات یہ کہ ان کی صحت بھی اتنے لمبے سفر کے لیے متحمل نہیں تھی۔ لہٰذہ انہوں اپنے ایک رفیق مولانا فضل حق خیر بادی کو خط لکھ کر اس سلسلے میں مدد طلب کی۔ فضل خیر آبادی نے ان کی مدد کے لیے ایک وکیل پنڈت ہیرالال کی خدمات حاصل کر لی۔ ابھی مقدمہ چل ہی رہا تھا کہ غالبؔ کو معلوم ہوا کہ تین سال کے لیے میرٹھ کو دارالسلطنت قرار دیا گیا۔ اس لیے گورنر جنرل مع کونسل اور کونسل کے اراکین کے عملے کے ساتھ شمالی ہند روانہ ہوئے۔ غالبؔ بھی اس کاروان کے ساتھ میرٹھ روانہ ہوتے لیکن ان کی مالی حالت اس قابل نہیں تھی کہ وہ سفر کے اخراجات کو برداشت کرتے۔ لہٰذہ انہیں کلکتہ میں مزید قیام کرنا پڑا۔ کچھ دن بعد غالبؔ کو ایک خط موصول ہوا جس میں لکھا گیا تھا کہ ان کی درخواست مسل کاغذات میں شامل ہو گئی ہے۔

لیکن اسے غالبؔ کی بد قسمتی کہیے یا کچھ اور کہ سر ایڈورڈ کولبروک پر اسی دوران ان کے دشمنوں نے کچھ الزام تراشیاں کیں۔ جس کے نتیجے میں یہ فیصلہ کیا گیا کہ جب تک ان الزامات کی مکمل تحقیق نہیں ہوتی کولبروک کو اس عہدے سے برترف کیا جاتا ہے۔ اور ان کی جگہ ہاکنز کا تقرر کیا گیا۔ جب غالبؔ کو یقین ہو گیا کہ کلکتہ میں مزید قیام ان کے لیے کوئی فائدہ مند نہیں ہے۔ تو وہ ۲۰ اگست ۱۸۲۹ء کو کلکتے سے روانہ ہو کر ۱۸ نومبر ۱۸۲۹ کو دہلی پہنچ گئے۔ دہلی میں انہوں نے ریذیڈنٹ سے رابطہ قائم کیا۔

ہاکنز نواب شمس الدین احمد خاں کے بہت قریبی تھے۔ انہوں نے نواب شمس الد ین کے کہنے پر صدر دفتر میں دوسری رپورٹ بھیجی جس میں تحریر کیا گیا کہ غالبؔ نے اپنی پینشن کے بارے میں جو ناانصافی کا دعویٰ کیا ہے۔ وہ بے بنیاد ہے۔ اس کا حقیقت سے کوئی تعلق نہیں ہے۔

حکومت کے اس حتمی فیصلے کے باوجود غالبؔ نے ہمت نہیں ہاری۔ انہوں نے جولائی ۱۸۳۰ء کو گورنر جنرل کے نام ایک اور عرض داشت بھیجی۔ اس عرض داشت میں وہ تمام باتیں پھر دہرائیں گئیں۔ جو خواجہ حاجی اور پینشن کے بارے میں پہلی عرض داشت میں تحریر کی گئی تھیں۔ ساتھ ہی حکومت کے کیے گئے فیصلے پر نظر ثانی کی درخواست بھی کی گئی تھی۔ بعض محققین کے مطابق اس بار غالبؔ کو یہ کامیابی حاصل ہوگئی کہ ان کی عرض داشت پر گورنر جنرل لارڈ ولیم بینٹنک نے ۲۰ اگست ۱۸۳۰ء کو دہلی کے قائم مقام ریذیڈنٹ ہاکنز کو حکم دیا کہ لارڈ لیک کا ۷ جون ۱۸۰۶ء کا وہ خط، جو نواب احمد بخش خاں کے نام تحریر کیا گیا تھا اور جس میں نصر اللہ بیگ کے ورثا کی پینشن کی رقم مقرر کی گئی تھی، نواب شمس الدین سے لے کر ان کو بھیج دیا جائے۔ ایف ہاکنز نے نواب شمس الدین سے یہ خط لے کر ۱۸ اکتوبر ۱۸۳۰ء کو گورنر جنرل کو بھیج دیا۔ ایف ہاکنز

نے لارڈ لیک کا جو خط کلکتہ بھیج دیا اسے صاف ظاہر تھا کہ غالبؔ نے اپنی پینشن کے بارے میں جو عرض داشت دائر کی ہے وہ بالکل بے بنیاد ہے۔ لیکن ہاکنز کی طرف سے بھیجے گئے دستاویزات پر غالبؔ مسلسل یہ اصرار کرتے رہے کہ لارڈ لیک کے یہ دستاویز جعلی ہیں۔ لیکن حکومت کے مختلف عہدے داران مسلسل اس کے اصل ہونے کی تصدیق کر رہے تھے۔ نتیجتاً غالبؔ نے لارڈ ولیم بینٹنک کے نام ایک درخوست تحریر کی جس میں انہوں نے بقول خلیق انجمؔ سرکاری افیسروں پر رشوت خوری اور خود لارڈ لیک پر سرکاری کاموں میں لاپرواہی برتنے کے الزامات عائد کئے۔ ۳۱ دسمبر ۱۸۳۰ء کو دہلی کے ریذیڈنٹ ہاکنز کو ایک خط کے ذریعے ہدایت دی گئی تھی کہ نواب شمس الدین سے اصل خط حاصل کر کے کلکتے بھیج دیا جائے۔

اس معاملے کی روداد بیان کرتے ہوئے خلیق انجمؔ لکھتے ہیں کہ:۔

"دہلی کے ریذیڈنٹ ڈیلیو بی مارٹن نے ۲۴ اگست ۱۸۳۱ء کے ایک خط میں گورنر جنرل کو لکھا، جس میں بتایا کہ یہی وہ دستاویز ہے، جس کی باپت اسد اللہ خاں کا دعویٰ ہے کہ اس میں تحریف کی گئی ہے لیکن جب اصل دستاویز سر جون میلکم بہادر کو تجزیے کے لیے پیش کی گئی تو موصوف نے اس کے صحیح ہونے کی تصدیق کی تھی۔ چناں چہ تمام حقائق کے مد نظر رکھتے ہوئے میں اس نتیجے پر پہنچتا ہوں کہ نہ تو مدعی کو نالش کانے کا مجاز ہے۔ نہ ہی حکومت نواب شمس الدین خاں سے کسی رقم کی ادائیگی کا مطالبہ کر سکتی ہے جیسا کہ دادخواہ چاہتا ہے۔"

خلیق انجمؔ نے اس خط کے بارے میں مزید یہ بھی لکھا ہے کہ اس خط میں مارٹن نے اس حقیقت کا اظہار بھی کیا ہے۔ کہ پہلے بھی دو دفعہ اس طرح کی عرض داشتیں پیش کی گئی تھیں اور دونوں دفعہ انہیں مسترد کر دیا گیا تھا۔ اور پھر بل آخر گورنر جنرل کی ہدایت

پر معتمد میکنائن نے یکم مئی ۱۸۳۲ء کو غالبؔ کے نام ایک خط تحریر کیا ہے جس میں انہوں نے لکھا ہے:۔

"گورنر جنرل صاحب، فضیلت مآب صدران کونسل کے خیالات سے کلی طور پر اتفاق فرماتے ہیں۔ لہٰذا ایسی صورت میں نواب شمس الدین سے موجودہ پینشن میں اضافے کا مطالبہ سراسر ناروا ہے اور جنرل لارڈلیک صاحب کی عطا کردہ سند جس میں مختلف حصے داروں کے نام مخصوص رقم کا اندراج ہے، بالکل صحیح ہے۔"

اس کے بعد ۱۸۳۴ء میں جب نواب شمس الدین کو ولیم فریزر کے قتل کے الزام میں پھانسی دی جاتی ہے تو غالبؔ نے ایک بار پھر اپنی عرض داشت دائر کی۔ لیکن غالبؔ کی اس درخواست کو بھی مسترد کیا گیا۔ اور لفٹننٹ گورنر نے فیصلہ کیا کہ ۷جون ۱۸۰۶ء کے شقے کے مطابق جو ساڑھے سات سو سالانہ انہیں ملتے رہے وہی درست ہے۔ اور آئندہ بھی وہ اس سے زیادہ کے حقدار نہیں۔ مرزا نے اس کے خلاف گورنر جنرل کے پاس اپیل کی مگر وہاں سے بھی یہی فیصلہ بحال رہا۔

٭٭٭

غالب شناسی کا ایک نیا رُخ

پروفیسر شہزاد انجم

مرزا اسد اللہ خاں غالب کی شاعرانہ عظمت اور ان کی حد درجہ مقبولیت کے کیا راز ہیں؟ کیا واقعی غالب کے غزلوں میں جذبات اور عقلیت کا مکمل امتزاج ہے؟ کیا وہ دل ودماغ سے کام لیتا ہے اور ہمیں تھکا دینے والے احساس سے محفوظ رکھتا ہے؟ کیا واقعی بقول بجنوری یہ ایک الہامی کتاب ہے؟ کیا واقعی مرزا غالب کے لیے شاعری موسیقی اور موسیقی شاعری ہے، کیا واقعی غالب کے الفاظ لعل وجواہر سے گراں ہیں، کیا واقعی مرزا غالب کا فلسفۂ حیات ابن رشد کے مشابہ ہے، کیا واقعی وہ گلشنِ ناآفریدہ ہے؟ یہ وہ سوالات ہیں جس نے ہمیشہ ادیبوں، شاعروں اور نقادوں کو پریشان کیا ہے۔ غالب اپنی زندگی میں ہی Legendl بن چکے تھے۔ ان کی شاعرانہ عظمت کے سبھی قائل تھے۔

ان کے انتقال کے بعد حالی کا "مرثیہ غالب" اور سوانح "یادگار غالب" نے کچھ ایسا سماں باندھا کہ تب سے اب تک غالب شناسی، غالب فہمی، غالب تنقید اور غالب تحقیق کا سلسلہ جاری وساری ہے۔ غالب کی افہام وتفہیم کے حوالے سے اب تک حالی کے علاوہ عبدالرحمٰن بجنوری، نظم طباطبائی، بیخود دہلوی، سہا مجددی، حسرت موہانی، خلیفہ عبدالحکیم، نیاز فتح پوری، آل احمد سرور، مولانا امتیاز علی خاں عرشی، خورشید الاسلام، مجنوں گورکھپوری، کالیداس گپتا رضا، شمس الرحمٰن فاروقی نے غالب کو اپنے اپنے طور پر پڑھنے

اور معنی اخذ کرنے کی کوشش کی ہے۔ اسی سلسلے کی ایک اہم کتاب پروفیسر گوپی چند نارنگ کی "غالب: معنی آفریں، جدلیاتی وضع، شونیتا اور شعریات" گذشتہ دنوں شائع ہوئی ہے۔ اس کتاب کے منظرِ عام پر آتے ہیں اس کی شہرت چار دانگ پھیل گئی۔

ذکر اُس پری وش کا اور پھر بیاں اپنا
بن گیا رقیب آخر، تھا جو راز داں اپنا
ہستی کے مت فریب میں آجائیو اسد
عالم تمام حلقۂ دام خیال ہے

انتظار حسین نے اس کتاب کو "غالب کی ایک یکسر نئی تعبیر" تسلیم کیا ہے تو افتخار عارف اس کو "غالبیات میں ایک مہتم بالشان اضافہ، قرار دیتے ہیں۔ ساقی فاروقی اسے "غضب کی کتاب" بتاتے ہیں تو سعید نقوی اسے جرعہ، جرعہ پیتے ہیں۔ ابوالکلام قاسمی اسلوب، فکری رویے اور فنی طریق کار کی اس نوع کی تفہیم پر پروفیسر نارنگ کو مبارکباد پیش کرتے ہیں تو بقول بیگ احساس، اس کتاب کی اشاعت نے غالب فہمی کا ایک نیا دور وَا کیا ہے اور اسے غالب شناسی میں ایک اہم اضافہ قرار دیا ہے۔ انورسن رائے نے لکھا ہے "کتاب سے دل و دماغ روشن ہو گیا"۔

گذشتہ چند برسوں میں ادبی نظریہ سازی کے میدان میں پروفیسر نارنگ نے جو علمی و تنقیدی کارنامے انجام دیئے ہیں وہ سنہرے حروف میں لکھے جانے کے قابل ہیں۔ اردو غزل اور ہندوستانی تہذیب، ہندوستان کی تحریک آزادی اور اردو شاعری، ترقی پسند جدیدیت ما بعد جدیدیت، جدیدیت کے بعد، اردو زبان اور لسانیات، فکشن شعریات: تشکیل و تنقید، کاغذِ آتش زدہ، تپش نامۂ تمنا، اور پھر غالب: معنی آفرینی، جدلیاتی وضع، شونیتا اور شعریات وہ تنقیدی اور بصیرت افروز کتابیں ہیں جن پر گفتگو

کرنے کے لیے ہر کتاب کے لیے الگ الگ مضمون کی ضرورت ہے۔ حقیقت یہ ہے کہ یہ ساری کتابیں نظر کشا اور اپنے موضوعات پر مکمل اور بھرپور ہیں۔ ادبی تنقید اور نظریہ ساری کے حوالے سے ان کتابوں کی نوعیت، رجحان ساز اور عہد ساز کی ہیں۔

پروفیسر گوپی چند نارنگ کی شاہ کار تصنیف غالب : معنی آفرینی، جدلیاتی وضع اور شعریات، بھی اِن دنوں موضوع بحث ہے۔ اردو میں 'یادگار غالب' سے اب تک بلاشبہ سیکڑوں کتابیں غالب کی افہام و تفہیم کے حوالے سے منظر عام پر آچکی ہیں۔ گوپی چند نارنگ کے مطالعے اور فکر کا انداز و طریقہ کار مختلف ہے۔ اس کتاب کو پروفیسر گوپی چند نارنگ نے بارہ درج ذیل ابواب میں منقسم کر کے غالب کو عصری تناظر میں نئ فکریات کے ساتھ سمجھنے اور سمجھانے کی کوشش کی ہے۔ وہ ابواب درج ذیل ہیں:

۱۔ حالی، یادگارِ غالب اور ہم

۲۔ بجنوری، دیوان غالب اور وید مقدس

۳۔ دانش ہند اور جدلیات نفی

۴۔ بودھی فکر اور شونیتا

۵۔ سبک ہندی کی روایت اور زیرزمین تخلیقی جڑیں

۶۔ بیدی، غالب، عرفان اور دانش ہندی

۷۔ اوراقِ پژمردہ، واردات اور دل گداختہ

۸۔ روایت اوّل بخطِ غالب، معنی آفرینی اور جدلیاتی افتاد

۹۔ روایت دوم مشمولہ نسخۂ حمیدیہ، معنی آفرینی اور جدلیاتی افتاد

۱۰۔ متداول دیوان، معنی آفرینی اور جدلیاتی افتاد

۱۱۔ جدلیاتی وضع، شونیتا اور شعریات

۱۲ شخصیت، شوخی و ظرافت، آزاد خیالی اور جدلیاتی افتاد و مزاج گوپی چند نارنگ کتاب کے دیباچہ میں لکھتے ہیں:

" غالب کے متن کی تعبیریں وقت کے ساتھ ساتھ بدلتی رہی ہیں۔ بجنوری کا غالب وہ نہیں ہے جسے حالی نے پڑھا تھا اور حالی کا غالب وہ نہیں جسے طباطبائی، بیخود دہلوی، سہا مجددی، حسرت موہانی، نیاز فتح پوری یا شیخ اکرام نے پڑھا۔ اور تو اور خورشید الاسلام، پری گارنا، وارث کرمانی کا غالب بھی وہ نہیں جو کلیم الدین احمد، احتشام حسین، آل احمد سرور، ظ۔ انصاری، باقر مہدی یا شمس الرحمن فاروقی کا ہے۔ گویا ہر شخص نے اپنے اپنے غالب کو پڑھا ہے۔ یہ حقیقت ہے کہ ایک شارح دوسرے سے اتفاق نہیں کرتا۔ جیسے کلاکیت پرستوں یا رومانیت کے شیدائیوں کو اپنے اپنے غالب مل گئے تھے، ترقی پسندوں اور جدیدیت والوں نے بھی غالب کی اپنی اپنی تعبیریں وضع کرلی تھیں۔ ان میں کوئی تعبیر غیر منصفانہ یا بے جواز نہیں تھی، اس لیے کہ غالب کے متن کی معنیاتی ساخت اور جدلیاتی وضع مستقبل کی تعبیروں اور باز قرأت کے امکانات کو مسدود نہیں کرتی۔ غالب نے خود کو عندلیب گلشن نا آفریدہ کہا تھا۔ چنانچہ زمانیت کی ہر کروٹ کے ساتھ ایک ذہن کو راس آتا تھا، غالب کی جدلیاتی فکر عہد حاضر کے مابعد جدید مزاج کو راس آتی ہے۔

نئی علمیات اور شعریات سب سے زیادہ زور معنیاتی تکثیریت، تجسس اور بو قلمونی پر دیتی ہے اور غالب کے جدلیاتی ڈسکورس کا آزادگی و کشادگی پر زور دیتا اور طرفوں کو کھلا رکھتا گویا مابعد جدید ذہن سے خاص نسبت رکھتا ہے۔ غالب کی نشاطِ تصور کے نغمہ سنج ہیں دیکھا جائے تو ان تصورات کا زمانہ اب آیا ہے۔ غالب کی مجتہدانہ فکر ہر نوع کی کلیت پسندی، جبر، ادعائیت اور مقتدروں کے خلاف ہے، مابعد جدید مزاج بھی مقتدروں، آمریت اور ادعائیت اور مقتدروں کے خلاف ہے، نئی علمیات نے تو مہابانیوں کی مطلقیت

کے خلاف آواز کہیں آج اٹھائی ہے، جب کہ غالب کی فکر بہت پہلے سے ایسے تمام تعینات و تصورات کو بے دخل کرتی آئی ہے، جب کہ غالب کی فکر بہت پہلے سے ایسے تمام تعینات و تصورات کو بے دخل کرتی آئی ہے جو فکر و نظر کی آزادی کو مسدود کرتے ہیں۔ مابعد جدید ذہن نظریوں کی تحکمانہ ادعائیت اور جکڑ بندی، تنگ نظری اور تحدید کے خلاف ہے اور انسان کی آزادی اور نشاط کا داعی ہے۔ غالب کے یہاں بھی بے لوث آزادی و وارستگی اور نشاطِ زیست قدرِ اوّل ہے۔ نیا عہد تہذیبی جڑوں کا بھی جویا ہے۔ غالب نہ صرف مغل جمالیات میں رچے بسے ہیں وہ ہمارے فلسفیانہ تہذیبی وجدان کی جیسی نمائندگی کرتے ہیں، اس کی دوسری نظیر نہیں ملتی۔ ایرانی و تورانی پس منظر پر ان کا تفاخر برحق لیکن ان کے ذہن و شعور کی جڑیں اپنی مٹی کی گہرائیوں میں پیوست ہیں۔"

پوری کتاب میں غالب کی شاعری کو جس نئے انداز سے سمجھنے اور سمجھانے کی کوشش کی گئی ہے وہ حیران کن ہے۔ 'ذکر اُس پری وش کا' اور پھر بیان اپنا، والی کیفیت ہر جا موجود ہے:

نطق کو سو ناز ہیں تیرے لب اعجاز پر

پروفیسر گوپی چند نارنگ غالب کی شاعری کو عصری منظر نامے میں پرکھنے اور اس کی تفہیم کی کوشش کرتے ہیں۔ غالب کا رشتہ مابعد جدید ادبی تناظر سے جوڑتے ہیں جو ہر طرح کی ادعائیت اور آمریت کے خلاف ہے۔ نئی فضاؤں اور نئے اقدام کی ستائش کرتی ہے۔ ہر طرح کے جبر اور حقانیت کی نفی کرتی ہے۔ وہ لکھتے ہیں:

" آج کے منظر نامہ پر نازی ازم کی بدنام زمانہ خونریزی کے بعد Zionism صیہونیت اور اس نوع کے تمام نسلی اور فرقہ وارانہ رجحانات فاشزم، نسل پرستی اور علاقائیت کی بدترین شکلیں ہیں، جو حقانیت کی اپنی اپنی اجارہ داری، عصبیت اور برتری

کے نام پر لاکھوں کروڑوں بے گناہوں اور معصوموں کا خون بہانے کو جائز سمجھتی ہیں اور جنہوں نے شدت پسندی اور فتنہ وفساد کو پھیلا کر انسانیت کو شرمسار اور زمین کو داغدار کر دیا ہے۔

اکیسویں صدی میں فرقہ واریت، دہشت گردی، استعماریت اور تشدد کا منظر نامہ سب سے اذیت ناک منظر نامہ ہے۔ لوگوں نے خدا کو الگ الگ بانٹ لیا ہے، اپنے اپنے بت تراش لیے ہیں اور جس آزادی کو وہ اپنے لیے جائز سمجھتے ہیں، دوسروں کے لیے اسی کو ناجائز سمجھتے ہیں۔ اکیسویں صدی کا سب سے بڑا چیلنج انسانیت کی آزادی، بوقلمونی اور تکثیریت کا تحفظ ہے۔ اس منظر نامہ میں غالب کے جدلیاتی ڈسکورس کی معنویت، اس کی بے لوثی، وسیع المشربی اور آزادی کی وکشادگی کی اہمیت اور بھی بڑھ جاتی ہے۔

غالب نہ صرف پابستگی رسوم و قیود کو رد کرتے ہیں وہ ہر اس عقیدہ، مسلک اور گروہ کے بھی خلاف رہیں ہیں جو صداقت کی کنجیاں اپنے پاس رکھتا ہے اور اپنی اور فقط اپنی حقانیت پر اصرار کرتا ہے"۔

نارنگ کے یہ الفاظ صرف غالب کی شاعری کے تناظر میں موجودہ عہد پر کاری ضرب لگاتے ہیں بلکہ گوپی چند نارنگ کے ذہن وفکر کی بھی عمارتیں ہیں۔

دریا میں پانی کافی بہہ چکا ہے۔ چھوٹے موٹے پودے جڑوں سے اُکھڑ کر دریا میں بہہ چکے ہیں۔ بڑی بڑی لکڑیاں اور شہتیریں بھی کناروں کو جالگی ہیں۔ ۱۹۶۰ سے نارنگ کا جو ادبی سفر شروع ہوا تھا وہ اب بھی جاری ہے۔ وہ آج بھی مسافر ہیں۔ روزانہ نت نئے گوہر کی تلاش میں غلطیاں و پیچار ہتے ہیں۔ ملکوں ملکوں گھومتے ہیں لیکن ہمہ وقت اردو زبان، ادب، تحقیق و تنقید کی فکر میں کھوئے کھوئے سے رہتے ہیں اور پھر اچانک کوئی ایسا کتاب کا وجود عمل میں آجاتا ہے کہ عقل حیران رہ جاتی ہے۔

حقیقت یہ ہے کہ گذشتہ پچاس برسوں میں اردو ادب و تنقید پر پروفیسر گوپی چند نارنگ کی حکمرانی رہی ہے۔ یہ حکمرانی انانیت کے لباس فاخرہ میں ملبوس کسی آمر و جابر بادشاہ جیسی نہیں رہی بلکہ پروفیسر نارنگ نے اپنی فکر اور فلسفے سے اردو ادب و تنقید کو ہمیشہ ایک نیارخ دیا۔ بدلتے ادبی تناظر میں اردو کے ادیبوں و شاعروں سے مکالمہ کیا۔ نئی علمیات کی روشنی میں ادب کو سوچا سمجھا جانااور پرکھا۔ غور و فکر کے بعد اپنی راہ متعین کی۔ اردو کے ادیبوں کو آگاہ کیا۔ گمراہی سے بچانے کی کوشش کی۔ اردو شعر و ادب سے نہایت مستقل مزاجی سے اپنا رشتہ گہرائی و گیرائی کے ساتھ ہمیشہ قائم رکھا۔ شاید اسی لیے عمر کے اس پڑاؤ پر بھی پروفیسر نارنگ نے جو علمی کارنامہ غالب کے حوالے سے انجام دیا ہے۔ وہ صرف قابل ستائش ہے بلکہ غالب تنقید اور اردو تنقید میں سنگ میل ہے:

گردش ساغرِ جلوۂ رنگیں تجھ سے
آئینہ داری یک دیدۂ حیراں مجھ سے

* * *

اردو نثر کی ایک تحقیقی تنقیدی ترتیب

فن افسانہ نگاری کے کچھ معروف نام

مرتبہ : مکرم نیاز

بین الاقوامی ایڈیشن جلد منظر عام پر آرہا ہے